『和创造世界名牌的人
一起放飞梦想』

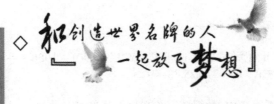

# 兜售快乐的天使迪士尼

*doushou kuaile de tianshi dishini*

◇ 梁换林◆编著

吉林出版集团有限责任公司

图书在版编目（CIP）数据

兜售快乐的天使迪士尼/梁换林编著.--长春:吉林出版集团有限责任公司，2014.8

（和创造世界名牌的人一起放飞梦想）

ISBN 978-7-5534-4068-2

Ⅰ.①兜…Ⅱ.①梁…Ⅲ.①迪士尼，W.E.（1901～1966）—生平事迹—青少年读物Ⅳ.①K837.125.78-49

中国版本图书馆CIP数据核字（2014）第160271号

**兜售快乐的天使迪士尼**
DOUSHOU KUAILE DE TIANSHI DISHINI

编　　著：梁换林
项目负责：陈　曲
责任编辑：金　昊
出　　版：吉林出版集团股份有限公司
发　　行：吉林出版集团社科图书有限公司
电　　话：0431-81629727
印　　刷：北京一鑫印务有限责任公司
开　　本：710mm×960mm　1/16
字　　数：100千字
印　　张：12
版　　次：2014年9月第1版
印　　次：2019年7月第2次印刷
书　　号：ISBN 978-7-5534-4068-2
定　　价：23.80元

如发现印装质量问题，影响阅读，请与出版方联系调换。0431-81629727

序 言
PREFACE

# 梦想与生命共存　传奇与我们同在

当你拥有这套《和创造世界名牌的人一起放飞梦想》系列丛书并真正读懂它的时候，祝贺你，你已经向成功又迈进了一大步，并可以为自己的人生勾画一张蓝图了。

开卷有益，我们不是猎奇，不是对世界名人和超级品牌的奇闻轶事简单地一声惊叹，而且通过阅读，让我们的视野变得更加开阔，让我们能够更好地认识这个世界，并找到适合自己的成功之路。

这是一套全方位满足你阅读愿望的好书，文字鲜活，引人入胜。这里有商界巨鳄的传奇创业故事，也有他们普通如你我的日常生活，当你随着一行行文字重走他们的人生之路时，你的心一定会在波澜起伏中感到一种快意。或许他们的成功不能复制，但是他们的坚忍、执着、宽容——这些成功的要素，我们可以复制。

通过阅读名人的成长故事，重温名人的创业之路，我们会发现，健全的人格、自由的意志、高远的理想、敢于实践的勇气、高瞻远瞩的见地、坚毅勇敢的性格、理性处世的原则、独立思考的习惯、幽默风趣的表达方式……一个人成功的诸多要素都以具体而形象的方式展现在你的面前。

每个人都有自己的生活轨迹，然而成功之路殊途同归，这一路上你的行囊里必须要装入梦想、希望、宽容和坚忍。

请给自己一个梦想吧！梦想是成功的种子，梦想是希望的支点。从这套书中你会发现，每一个了不起的品牌里都承载了品牌创始人那激越的梦想。是梦想，让他们充满激情，斗志昂扬；是梦想，在困境中带给他们希望，让他们有了坚持下去的勇气；是梦想，激励他们不断向前进！

为梦想不懈地努力吧！从这套书中你会明白，任何人的成功都不会一帆风顺，在鲜花和掌声的背后，有太多不为人知的痛苦。那些创业中的失败、徘徊和挫折，对我们来说更具有启迪的价值。真正的勇敢者，并不是无所畏惧，而是在面对挫折的时候，能及时调整自己，正视艰难困苦，不放弃希望。所谓成功，不过是努力的另一个名字罢了。

伟大的戏剧家莎士比亚曾说："一个最困苦、最卑贱、最为命运所屈辱的人，只要还抱有希望，便无所怨惧。"

生命只有一次，让我们在阅读中汲取无穷的力量吧！《和创造世界名牌的人一起放飞梦想》系列丛书会带你走进一个传奇世界，仔细阅读并把你的梦想付诸实践，你也许会成为下一个传奇。

带上我们的梦想启程，为我们璀璨夺目的人生而奋斗！

目 录
Content

# 前 言
## *Introduction*

　　在一个平凡得找不出任何新鲜感的普通的冬日，闻名世界的动画大师、迪士尼公司的创建者——华特·迪士尼，永远地离开了我们，离开了他的家人，离开了他心爱的为之奋斗了一生的事业。这一天，是1966年12月6日。他走得很突然，就在他去世的前一天，还愉快地与前去探病的哥哥谈了一个小时的工作，哥哥离开医院的时候甚至坚定地相信弟弟不久之后一定能恢复健康。但是人生总是变幻莫测的，就在哥哥探病之后的第二天，死神踏着轻快的脚步悄然地来到了人间，把这位可爱可敬的老人从我们身边抢走了，也许是为了让他在死亡的国度里建造出另一座充满欢乐的迪士尼乐园吧。

　　迪士尼的离世引发了全世界的哀悼。因为在这个世界上，几乎没有人不知道米老鼠和唐老鸭，迪士尼的名字已经和迪士尼乐园牢牢地绑定在了一起。

　　迪士尼的一生创作了许多著名的动画片，除了《米老鼠和唐老鸭》之外，还有《三只小猪》《白雪公主》《小鹿斑比》《木偶奇遇记》《小飞象》等。这些都是孩子们心中的宝物，也是世界电影史上的不朽之作。迪士尼是孩子们心目中的魔法师，是动画乐园里的创造之父。他用毕生的时间为孩子们编织了那么多奇幻美妙、绚丽多姿的童话之梦，迪士尼乐园更是他献给整个世界的盛大礼物。这个集博览会、游乐园、社区中心、生物博物馆等于一体的游乐中心无疑是一个前所未有的创举。迪士尼乐园是一个老少皆宜的童话王国，里面充满了各种奇花异草、飞鸟虫鱼以及各式各样的古代城堡。在这里，各种游乐设施应有尽有。游客们不仅可以由土著人带领乘船探险，还可以体验西部神秘的游侠生活。每一年，迪士尼乐园都会吸引世界各地的游客前来游览。

迪士尼享誉全球的成就是我们有目共睹的，但是他的事业是不是我们想象的那样一帆风顺呢？让我们翻开迪士尼的人生档案一起来寻找答案吧。

# Walt Disney

第一章　迪士尼的名气

——华特·迪士尼的成就

*Walt Disney*

他被称为"带有神奇画笔的伊索，配有彩色摄影机的安徒生"。他和哥哥罗伊创立的公司——华特·迪士尼公司（The Walt Disney Company）是当今最大跨国公司之一，是世界上第二大传媒娱乐企业；他创造的品牌——迪士尼，市值高达353亿美元。他开办的迪士尼乐园是世界范围内影响最广的主题公园；由他设计、推广的系列卡通形象更是风靡全球。他的逝去被认为是"人类的损失"。他，就是诞生于1901年的美国娱乐天才——华特·迪士尼先生（Walt Disney）。

# 第一节　娱乐天才
## ——华特·迪士尼

> 在您丈夫的才华照耀之下，千千万万的人们享受到了一种更光明、更快乐的生活。他所创造的真、美和欢乐是永世不朽的。
>
> ——约翰逊

华特·迪士尼（Walt Disney），1901年12月5日出生在美国芝加哥，1966年12月15日病逝。当华特先生病逝的消息在世界各国传开时，全世界的儿童失声痛哭，大人们的眼中也噙满

了泪水。

有人认为华特·迪士尼并没有真的离开，或许某一天会突然出现在观众面前；因为他创作的故事，常常会有某个角色突然消失而后奇迹般地出现，给观众带来丰富的情感体验的同时也带来无比的欢乐与满足。所以人们宁愿相信他只是暂时离开。但是，谁也不得否认他已经去世这一事实。

华特·迪士尼的突然离世被认为是"人类的损失"，许多国家元首致电哀悼。约翰逊总统在致华特妻子莉莲的唁电中说："在您丈夫的才华照耀之下，千千万万的人们享受到了一种更光明、更快乐的生活。他所创造的真、美和欢乐是永世不朽的。"

一位离世艺术家，能获得如此高的评价，可想他对世界、对人类做出了如何卓越的贡献。他的形象与他开创的动画及娱乐事业已深入人心，成为世界上永恒的光芒，照耀着世界上所有童心未泯的人。

从20世纪20年代末开始，在近百年的历史中，华特·迪士尼先生为电影、卡通动画以及电视、娱乐事业所作的贡献无人能比。

已故的英国政治漫画家大卫·罗（David Low）称华特·迪士尼为"自达·芬奇之后平面艺术史上最重要的人物"。

华特·迪士尼是美国著名的集动画大师、导演、制片人、编剧、配音演员、卡通设计师于一身的企业家，也是举世闻名的迪士尼公司创始人、一位备受世界人民热爱和怀念的长者。他和他的职员一起创造了许许多多著名的、受世人欢迎的卡通角色，包括那个被无数人喜爱的经典卡通形象、华特·迪士尼的好友——米老鼠。

迪士尼先生拍摄出世界上第一部有声卡通、世界第一部彩色卡通，而后，于1937年又推出了电影史上第一部动画电影《白雪公主与七个小矮人》，还发行了电影史上第一部立体声电影《幻想曲》，华特·迪士尼和他的员工们将动画提升到了富有高级品位的艺术层次。

在华特·迪士尼之前，动画片还只是电影放映前的一段插曲，以打发观众刚进影院时的无聊等待。这些动画"小插曲"不仅时间短，只有一两分钟甚至几十秒，而且常以片断形式出现，没有完整的故事情节，更谈不上经典。一心想要发展动画事业的迪士尼先生，密切关注电影业的每一点发展动态，并充分发挥自己的想象力与创造力，使卡通动画在他的生命历程中，一步一步走向辉煌。所以说，是他开创了卡通动画的新里程。

华特·迪士尼和他的创作团队不仅让动画不再是电影的附属品，而且独创了多层次立体摄影，水彩渲染式动画制作法、真人与动画合成技术等动画制作方法并赋予动画完整的故事情节。

和创造世界名牌的人

一起放飞梦想

Let the dream fly

华特·迪士尼把创新意识、合作意识及精益求精的创作精神植入每一位员工的大脑。他常常敢于挑战最艰难、最先进、最昂贵的动画、电视、电影及公园主题；他为公司所有的动画形象注册了版权，并把授权商品的利润最大化；电视、音乐、电影、主题公园……公司的多元化发展始终没有离开公司的基础行业——动画片。

华特·迪士尼先生及其团队制作的每部电影都有创新，不论是在内容方面还是制作方面，每次都会有突破，这让他几乎年年成为奥斯卡奖项的获奖者。

华特·迪士尼是史上荣获奥斯卡奖项最多的人。华特和其团队成员共在全世界范围内获得超过950次的荣誉和嘉奖，其中包括48次奥斯卡金像奖和7次艾美奖。

1938年，南加州大学（The University of Southern California）赞扬华特·迪士尼"为年轻人带来天真烂漫的童心，为老人带来了第二次童年"，因而授予他名誉硕士学位。

耶鲁大学如此评价他——"艺术语言的创造者、国际亲善大使，将欢笑和喜悦带给千家万户，打动人类的心灵，消除种族的差别"，因而授予他学位。并且赞扬华特·迪士尼做了"一些有成就的事情：在动画片里藐视动物学、生物学的所有成就和试验，他把动画语言提升到令人敬佩的高度，动物在他的努力下拥有了灵魂"。华特·迪士尼还被哈佛大学、加州大学洛杉矶分校授予荣誉学位。

华特·迪士尼还获得过总统自由勋章、法国国家荣誉军团军官勋章、泰国皇冠勋章、巴西南十字勋章、墨西哥阿兹台克鹰勋章以及国家剧院业主协会（National Association of Theater Owners）颁发的世界艺人奖。

由华特·迪士尼与哥哥罗伊·迪士尼共同创建的华特·迪士尼公司（The Walt Disney Company，简称TWDC）成立于1923年10月16日。当时叫做迪士尼兄弟工作室（Disney Brothers Studio），后来更名为华特·迪士尼制作公司（Walt Disney Productions），在1986年2月6日，正式更名为现在的华特·迪士尼公司（The Walt Disney Company），成为总部设在美国伯班克的大型跨国公司。

华特·迪士尼公司（The Walt Disney Company）是目前全球最大的娱乐及媒体公司之一，也是全球最受尊敬的娱乐媒体公司，按照营业额在全球媒体公司中排名第二，仅次于美国时代华纳公司。

迪士尼公司拥有世界第一的娱乐及影视品牌——迪士尼（Disney）；拥有美国最大的电影发行商之一——影视娱乐；世界最大的主题乐园集团——迪士尼乐园及度假区；拥有美国三大广播公司之一ABC和体育品牌ESPN；还有世界上最大的儿童消费品品牌——迪士尼，以及世界上最大的创作儿童书籍的集团。

迪士尼公司自创建以来致力于为人们提供最特别的娱乐体

验，并且一直秉承着公司对质量和创新不断追求的优良传统。

# 第二节　纯真世界
## ——迪士尼动画

> 米奇这位善心大使不停地播种着友谊的
> 种子，我对他充满谢意，因为他将欢笑带给
> 大家并将全人类团结到一个大家庭中。
>
> ——吉米·卡特

1924年华特·迪士尼创作并公映系列动画片《爱丽丝喜剧》初获成功后，几乎每年都会精心制作一部动画片，而且每部动画片都会得到观众们的热捧。华特于1927年创作的《幸运兔子奥斯华》在好莱坞引起轰动，并开创了世界动画的新征程。但是，兔子奥斯华的形象因防范不严导致使用权被夺。

于是，华特·迪士尼又开始秘密制作新的卡通代言人。没有意料到的是，新创作的卡通形象在娱乐界引起的轰动远远超过兔子奥斯华，成为第一位走上好莱坞星光大道的动画明星，他就是名扬中外，深入人心的Mickey Mouse——米奇老鼠（简称为米奇或米老鼠）。米老鼠使华特·迪士尼与中国的孔子、

英国的莎士比亚和法国的伏尔泰一样出名，并使华特·迪士尼因此获得了"米老鼠之父"的头衔。

时任美国总统的福特对米老鼠大加赞扬，他说："米奇是如此令人不可思议，多才多艺的他不仅会唱歌跳舞，还会说笑逗乐。见过他的人无不为之倾倒。更重要的是，米奇是华特·迪士尼的孩子。我和我的全家深深为米奇伟大而天真的演出所吸引。华特的智慧以及顽皮在这个角色中表现得淋漓尽致。我们至今依然观看米奇的表演并怀念出色而友好的华特·迪士尼。"

美国另一位总统吉米·卡特也曾说："米奇这位善心大使不停地播种着友谊的种子，我对他充满谢意，因为他将欢笑带给大家并将全人类团结到一个大家庭中。"

米老鼠喜欢冒险，他聪明机智、好分析问题、有修养又乐于助人，而且乐观、向上、独立、谦逊、有激情、靠得住、善于领导，几乎是完美的化身。华特·迪士尼的妻子曾经说过，米老鼠就是华特的化身。华特·迪士尼自己也曾经说过，我爱米老鼠超过世界上我认识的任何女人。

魔术师大卫·科波菲尔深有感触地说："米奇是他（华特·迪士尼）为我们留下的宝贵遗产。米奇向我们证明了一件事情——梦想可以如此纯粹，如此特立独行却能为全世界所接受。我相信，米奇能够冲破所有的阻碍并成为一个永恒。"

宇航员巴兹·奥尔德林认为："米老鼠，他已经不单单是一个卡通人物，他已经成为迪士尼王朝的一个标志。你或许曾认为他的地位会被新兴形象淘汰，但事实是，他至今仍然魅力四射。随着时光流转，米奇已经成为迪士尼真正的传奇。"

所有观众也深切地明白："米老鼠是美国希望的象征，他常常吹着口哨渡过难关，最终迎来美好的明天。美国人民把他们的梦想都寄托在这个可爱的卡通人物上。米老鼠从不会沮丧，从不会变得愤世嫉俗。他不论身处何地都不会改变他的乐观、积极，这就是他的鲜明标志。"

米老鼠也是20世纪最伟大的人物之一。他不仅仅是一位朋友，还是一个家庭成员，同时也是一个真正的偶像。无论是他在游行队伍里向你挥手致意或者出现在电视屏幕中，你都会忍不住会心微笑。当米老鼠在你的身边，你会觉得一切都好起来了。而且，米老鼠对于许多人而言，意味着童年的快乐时光。

2003年美国财经杂志《福布斯》推出的"虚构形象富豪榜"，最能挣钱的"卡通富翁"就是米老鼠和他的朋友们，价值58亿美元。迄今为止还没有哪位卡通明星能获得如此高昂的市场价。

除了米老鼠之外，华特·迪士尼还创作了一系列脍炙人口的动画形象。如，与米老鼠一起出现的老鼠米妮，小狗布鲁诺、高飞和唐老鸭等。还有1933年卡通片《三只小猪》中的波克，1937年《白雪公主和七个小矮人》中的白雪公主和七个小矮人，还有1940年《木偶奇遇记》中的皮诺曹和1942年的《小鹿斑比》。

　　其中，1937年发行的动画长片《白雪公主和七个小矮人》，是迪士尼电影中最经典的一部。它集众多荣耀于一身，是世界上第一部有剧情的长篇动画电影并促使了世界上第一张电影原声音乐唱片的发行，同时，它也是世界第一部使用多层次摄影机拍摄的动画，还是世界第一部举行隆重首映式的动画电影，并获得奥斯卡特别成就奖。可以说，从此动画电影不仅仅是儿童娱乐的一种形式，而且逐渐成为主流的电影形态。

　　迪士尼公司从此成为动画电影的领头大哥，领导了动画电影的潮流，经过数十年的发展，迪士尼也由原来的小小动画工作室迅速膨胀成为国际娱乐界的巨子和拥有全球知名度的跨国公司，除了电影，迪士尼的势力范围还扩张到主题公园、玩具、服装和书刊出版等行业。

# 第三节　梦幻公园
## ——迪士尼乐园

> 将世界上伟大的童话故事、令人心动的传说、动人的民间神话变成栩栩如生的戏剧表演，并且得到世界各地观众的热烈响应，对我来说已成为一种超越一切价值的体验和人生满足。
>
> ——华特·迪士尼

在佛罗里达州的迪士尼乐园矗立着华特·迪士尼的一座与真人大小相近的雕像。雕像右手指向小镇大街，左手被一个刚到他腰部的、孩子大小的米老鼠握着。雕像的铭牌上写着："我最希望的就是把迪士尼乐园变成一个快乐的王国……在这里，父母和孩子都可以一起开心玩耍。"

最早向公众开放的迪士尼乐园是1955年建成的加州迪士尼乐园，也是世界上第一个迪士尼主题乐园度假区。加州的迪士尼乐园被誉为"地球上最快乐的地方"（The Happiest Place on Earth）。游览过的游客已经超过5.5亿，这其中包括国家总统、皇室成员、世界顶级明星等。

占地面积最大的是佛罗里达州的奥兰多迪士尼世界，总面积达12228公顷。它于1971年向公众开放，耗资为7.66亿美元。奥兰多迪士尼世界由7个风格迥异的主题公司、6个高尔夫俱乐部和6个主题酒店组成。像迪士尼乐园震惊西部人一样，迪士尼世界轰动了东海岸的人们。在这里人们可以重温当年各国移民在新大陆拓荒的种种情景，以及英国殖民时期美洲大陆的状况。

已有50年历史的迪士尼主题乐园，也许是全球最受欢迎的"梦幻乐园"。除了美国加利福尼亚州、佛罗里达州之外，还有日本东京、法国巴黎及中国香港的迪士尼乐园。这五大迪士尼乐园每年使集团财源滚滚。而占地116公顷的世界上第六座迪士尼乐园将建在中国上海，已于2011年4月正式动工，预计2015年完工。

已经开放的五座迪士尼乐园每天都迎接着来自世界各地的数以百万计的游客，大家在这里尽情欢笑。欧洲巴黎的迪士尼乐园则以游客人数全球最多的成绩为傲。巴黎迪士尼乐园如此受欢迎，以至于引起了法国激进文化界的抨击和抵制。他们惊呼："这是通俗的美国文化对优雅的欧洲文化的大举入侵。"但是，谁又能阻止世人对快乐的追求呢？主要针对亚洲人的日本东京迪士尼乐园的收入名列四大主题乐园之首。

有专家对迪士尼乐园的成功进行过一番研究，发现迪士尼

乐园能在世界上引起如此大反响的原因，不仅仅是它拥有别致的娱乐场所、娱乐形式和各类卡通明星，更因为它周到细致的人性化设置与体贴入微的服务。所以迪士尼乐园不只赢得了世界小朋友们的追捧，更赢得了全世界各地想要找到快乐的人们的赞誉。普通人将去迪士尼乐园玩耍当作梦想去努力实现，明星们则把能常去迪士尼游玩作为最惬意的度假方式。

佛罗里达州的迪士尼乐园设有中央大街、小世界、海底两万里、未来世界、拓荒之地、世界陈列馆和自由广场等主题场景。中央大街上有老式马车、古色古香的店铺和餐厅茶室等；小世界是专给孩子们设计的、孩子们向往的娱乐天地。

在"海底两万里"，人们可坐上特制的潜艇，时而来到一片生机勃勃的热带海床，时而又来到阴沉寂寥的寒带海床，尽情观赏五光十色的海底植物和水族，甚至还能看到满载珠宝货物的沉船和因地震陷落海底的古代城市。

"未来世界"中有通讯、能源、交通、农业和未来设想等六个主馆，能源馆顶部的8万个阻挡层光电池是世界上私人企业建造的最大的曝光收集器。在农业馆中，人们还可以看到模拟外层空间条件来种植农作物的实验室。

"世界陈列馆"更为有趣，这里有埃及的金字塔、意大利的宫殿、日本的神社、巴黎的埃菲尔铁塔，这些景观虽然缩小了数倍，但是雕刻精细，装饰华丽，十分逼真。

走在迪士尼乐园中，还经常会碰到一些演员装扮成的米老鼠、唐老鸭、白雪公主和七个小矮人，更使人童心复萌，游兴大发。迪士尼世界把严肃的教育内容寓于娱乐形式之中，丰富而有趣。如今，迪士尼是小朋友眼里最美的世界，是大朋友最向往的假日乐园。那里如童话王国般充满了神奇的探险历程与美妙的浏览体验。

曾听说过一个故事，让我不得不为迪士尼乐园的魔力感到震惊。美国流行乐坛超级巨星迈克尔·杰克逊，于1996年春天，耗资50万美元买下位于法国中西部图尔附近的彭特小镇上的一座古堡。这座古堡建于15世纪，是一位名叫克拉拉·伊丽贝丝伯爵夫人的遗产。克拉拉城堡共有82间迷宫似的房屋，7座奇特的塔楼及一条水流清清的护城河。白色的石壁上爬满绿色的常青藤。

当彭特小镇上的居民得知迈克尔·杰克逊买下这座城堡后，都显得忧心忡忡、坐立不安，他们害怕迈克尔·杰克逊那世界级的知名度会使他们这个自克拉拉·伊丽贝丝时代就一直宁静安定的小镇变得像摇滚乐一样嘈杂不堪。

而迈克尔·杰克逊之所以一掷万金选择克拉拉古堡，仅仅只是因为这里离巴黎以东35公里的欧洲迪士尼乐园只有两小时的路程，这正好满足了他希望找到一个离迪士尼乐园不太远的落脚点的愿望。这位喜爱动物的流行乐坛"大儿童"，恨不能住在迪士尼乐园里，跟知名度令他望尘莫及的米老鼠和唐老鸭称兄道弟，共演一台摇滚三重唱。

在2001年12月5日纪念华特·迪士尼诞辰100周年时，位于佛罗里达州的华特雕像被重新修复，并被赋予了一个新铭牌："献给富有梦想、创造力和远见的华特·迪士尼先生。他的贡献遍布于新世纪的各个角落，以及这个'充满奇迹的地方'。"

# 第四节　世界名品
## ——迪士尼（Disney）

要吸引世界各地年龄不一的观众，对童话、传说及神话故事的处理本质上要简单。无论善和恶，所有伟大戏剧作品中的各类角色，都必须具有可信的人性。必须保持所有人类常有的道德理想。胜利不能来之太易。如同所有的银幕娱乐，对英勇的探试冲突仍然并永远是动画故事的基本因素。

——华特·迪士尼

1928年，一只活泼、可爱、聪慧、勇敢的小老鼠被美国动画艺术的伟大先驱华特·迪士尼创作出来。随着卡通电影的发展，这个可爱小精灵得到全世界人们的认可，迪士尼公司也取得了巨大的成功。经过近百年的发展，迪士尼公司成为一个以米老鼠、唐老鸭等卡通形象而闻名于世的知名品牌，并涉及多种行业领域，包括音像、图书、媒体网络、主题公园、日用消费品等。

迪士尼是世界各国人民所公认的最高端并且最具价值的娱乐品牌，仅次于可口可乐、微软以及一些大公司。在中国，迪士尼是老少皆宜的品牌，91%的青少年认为迪士尼是他们心目中最喜欢的品牌，而96.8%的成年人认为迪士尼是他们心中最值得信赖的品牌。

迪士尼品牌始终秉承着一种积极和包容的态度，演绎着一段段动人的故事。不断达到高标准而成就卓越是迪士尼所有产品的共同追求，它所创造的奇趣体验能与各代人持续分享。迪士尼品牌之所以能有如此悠久的历史和如此之高的美誉与其不断追求创新与卓越的理念是分不开的。正是因为不断创新，迪士尼在将近一个世纪的时间里总是保持着无穷的生命力。

从卡通动画、电影、电视、主题乐园到手表、信纸、铅笔等文具、英语教材、杂志、儿童书籍、音乐、饰品、服装等迪士尼品牌产品无不占领着重要的消费市场。如今迪士尼公司在中国市场针对学生，推出迪士尼运动系列，成为国内体育用品市场新的时尚消费热点。

1929年，华特·迪士尼首次允许把米老鼠的形象用在儿童

书写纸上。自那以后，迪士尼公司的特许经营产品最多时达到4200个。迪士尼其他衍生产品大多是经过迪士尼公司考核，符合迪士尼产品定位，达到一定的质量标准，才会获得由迪士尼公司颁发的特许经营证，这使得迪士尼品牌知名度迅速提高。上至达官贵人，下至平民百姓都有机会接触或者使用迪士尼品牌产品。

# Walt Disney

第二章　迪士尼的才气

——华特·迪士尼成长史

*Walt Disney*

　　他是位天才，是一位与动物称兄道弟的天才，是一位执着于再现美丽童年的天才。他不辞辛苦十岁就开始卖报，十二三岁为同学们搞滑稽表演，十六岁加入红十字会，二十岁开办了自己的公司，二十七岁就创造出了风靡全球的米老鼠。他可谓是才华横溢的少年英雄。

# 第一节　祖辈颠沛流离的生活

> 拥挤的教室和半天的课程是对我们国家的伟大资源——孩子的心智——最可悲的浪费。
>
> ——华特·迪士尼

　　据说迪士尼的祖先曾居住在法国，11世纪移居英格兰，后又辗转来到美洲大陆定居。华特·迪士尼的早期家族史是一段典型的移民发展史。据华特的父亲伊利亚斯说，早在威廉时代（约1066年），他们的祖先曾经在威廉的军队里服役，最后获得了一个大庄园，"在优越的环境里生活，养育孩子，并跻身脑力劳动者阶层，在那个时代他们家算是一个贵族家庭"。

　　华特的曾祖父阿伦德尔·伊莱斯·迪士尼是移民。1836

年，他和他的三个兄弟前往纽约。后来，三个兄弟留在了纽约并开始经商，阿伦德尔却来到加拿大的一个农场，定居河畔，开办了一个锯木厂，利用这里的丰富资源养育了他的16个孩子。华特祖父凯柏·迪士尼是阿伦德尔的长子，在1858年与玛丽·理查森结婚后，仍在加拿大耕种。他们共有11个孩子，长子伊利亚斯（华特·迪士尼的父亲）生于1859年。在伊利亚斯的记忆中，加拿大的这段田园生活使他"身心都沉浸于纯洁、健康的氛围中"。

华特曾祖父阿伦德尔和祖父凯柏都是有远大志向、喜欢旅行的人。凯柏常常在外旅行，寻找发财的机会。1877年他与两个儿子伊利亚斯和罗伯特来到美国淘金，发现这是一片充满生机的土地。于是，凯柏决定全家迁居美国。他在堪萨斯州买下320亩土地，创办了一个农场。

华特父亲伊利亚斯于1888年娶了邻居家温柔漂亮的女孩弗罗娜（Flora）为妻，居住在佛罗里达州中部地区的乡村，在靠近基西米的城镇经营着一片柑橘林。生活相对安定。几十年后，他的儿子华特·迪士尼回到这里，设计了海岸公园和迪士尼世界。心怀远大抱负的华特父亲伊利亚斯没过多久就关闭农庄，在戴陀那海滩买下一家旅馆经营旅游业。不久旅游业也生意萧条，伊利亚斯关闭旅馆改行当邮差。跟许多移民到美国的人一样，每当运气转坏时他们都搬一次家，希望搬家能够带来一点好运以改善生活。1890年，伊利亚斯举家迁往芝加哥。

当时的芝加哥是美国东北部货物集散中心，是拥有120万人口的繁华都市。伊利亚斯很快喜欢上了这个城市，因为这里的经济、政治、文化都相对繁荣。外来者有很多机会发展自己。当时，芝加哥正在筹办世界哥伦比亚博览会，由于伊利亚斯早年学过木工，所以他参与搭建世博会建筑，他们将设计建造的富有古典风格的建筑物漆成耀眼的白色，为芝加哥赢得了"白城"的美誉。

此后，伊利亚斯和妻子弗罗娜在芝加哥开起了家庭建筑公司，他负责建造，弗罗娜负责房屋的设计、建材的采购并兼做会计，有时还负责装潢。他们在芝加哥市区造了一些这样的房子出售，并且与银行建立了良好的信贷关系，日子过得越来越富裕。

后来，建筑业逐渐不景气，伊利亚斯就到别的公司当木工，一周工作7天也只能挣到7美元。华特·迪士尼就在此时降生了，那是1901年12月5日。他排行老四，有三个哥哥：大哥赫伯特（生于1888年）、二哥雷蒙德（生于1890年）、三哥罗伊（生于1893年）。华特出生两年后，家中又添了一个漂亮可爱的妹妹露丝。

父亲伊利亚斯是位传统的家长，对子女既慈爱又严厉。当他发现在芝加哥这座城市既赚不到生活费，又没有宁静舒适的环境时，就想着要迁到对家庭和孩子发展更有利的地方，只是一时还没合适的选择。后来，他听说两名少年在一次抢劫案

中杀死一名警察并被捕入狱，这使他下定决心要离开这个"罪恶"的城市。他宁愿把家迁到淳朴幽静的乡下去，也不希望这里的乌烟瘴气影响了孩子们的身心健康。

于是，为了给子女们更好的生活环境，伊利亚斯准备奔赴乡下。伊利亚斯的弟弟罗伯特一家住在密苏里州的玛瑟琳镇，那里土壤肥沃，山林青翠，气候宜人，起伏的丘陵在蓝天下非常悦目。由于玛瑟琳有煤矿和石油资源，各行各业都很繁荣，物价低廉，经济发展又相对稳定，于是，伊利亚斯把新生活的希望寄托在这个地方。他想这里一定有钱可赚，还可以交好运，而且远离大都市。

# 第二节　农场里的别样童年

它喜欢悄悄从我背后顶我一下，然后高兴地哼哼着大摇大摆地走开了，如果我被顶倒了，它就更得意了。

——华特·迪士尼

## 1. 淳朴迷人的玛瑟琳

华特·迪士尼5岁时，父亲伊利亚斯带着全家人搬到玛瑟琳镇，并买下了面积45英亩的仙鹤农场。当时玛瑟琳只是一座有着约5000人的小城镇，位于密苏里州中部的林恩郡旁。玛瑟琳过去是一处偏僻的小村庄，19世纪80年代，这座小城镇进行开发建设，成为从堪萨斯到芝加哥的铁路交通线的中点，小镇因铁路而逐渐繁荣起来。村民们感谢这条铁路给他们带来了益处，便把火车站站长女儿的名字"玛瑟琳"作为这个小镇的名字。这里的居民安居乐业，朴实无华。

多年以后，华特回忆道："我差不多忘却了在芝加哥的幼年生活，但是在玛瑟琳的生活仍历历在目。那是一处非常美丽的农庄，农庄前的一大片草地周围有几棵古老的柳树，柳树条随风舞动。还有两个果树园，一个是老果园，一个是新的。园中有各种果树，其中有一种叫'狼河苹果'的，果实异常的大，吸引了附近好几英里外的人跑来看。"

玛瑟琳是美国城乡风情的代表，在华特·迪士尼心中是美国形象的典范。而且，现在迪士尼乐园中的美国小镇大街（Main Street USA）就是玛瑟琳镇的缩影。把它设计在游乐园内，让每位游客都和华特·迪士尼的童年有了一次近距离的接触，恍若时光倒流，游客们在那里能亲身感受到20世纪美国城镇风情。这也真实地反映出在玛瑟琳的童年生活对华特的影响非常深远。

迪士尼一家在玛瑟琳镇生活了四年，日子过得充实而快乐。华特在农场度过了影响一生的别样童年，尤其是受那些与他成天做伴的动物和森林里的各种生物的影响。这里似乎是一个世外桃源，天空永远都是湛蓝湛蓝的，空气温暖而湿润，森林茂密而深远，仿佛到处都布满了美妙神奇的童话故事。此情此景在华特·迪士尼制作的许多部动画中被不同程度地再现。

华特·迪士尼曾说："事实上，我在玛瑟琳镇经历的比以前经历的事情更重要——也许比未来经历的事情还重要。"而且，玛瑟琳给予了他太多的"第一次"。如第一次看电影、第一次看游行，这些事情都让他终生难忘。在华特的艺术生涯中，他总是向我们展示一个他理想中的世界，而这个充满田园气息的城镇就是他创作的灵感源泉。

## 2. 欢乐和谐的小动物

农场的生活并不像在城市里那样清闲，父母亲在无法料理农场工作的情况下，让年龄并不大的三个哥哥也都参与耕作。他们种植玉米、小麦、高粱和大麦，饲养奶牛、猪、鸡和鸽子。母亲操持家务，还侍弄着一个菜园，搅制牛油到镇上的杂货店去出售，在冬季还销售苹果。收获时，他们也乐于与邻居共同分享喜悦。

大哥赫伯特和三哥罗伊负责大部分的农场事务，几年后，他们厌烦了农场工作，离开这个城镇去寻找新生活。起初他们来到芝加哥，随后前往堪萨斯市。但是父亲伊利亚斯要求他们用挣来的钱养家，不能只顾自己享受。此时，华特和妹妹露丝年幼，只能呆在母亲身边干点杂活。

兜售快乐的天使迪士尼

和创造世界名牌的人

一起放飞梦想

Let the dream fly

在华特记忆中伊利亚斯是位既慈祥又严厉的父亲，他说："他（父亲）的脾气暴躁，但又非常和蔼，他一心只为他的家庭着想。"伊利亚斯笃信宗教，但又致力于社会活动。他是一名乐师，周日会拉小提琴；他在商界被评为"有点天真的人"。父亲的这些特点和行为都对华特有着重要的影响。

当时华特·迪士尼又瘦又高，有着一头蓬松的黄头发。他特别喜欢家里养的猪，他会赶着猪出去觅食，有时骑在猪背上表演翻滚动作。有一只小猪发育不良，他就拿着婴儿用的奶瓶盛牛奶去喂这只小猪，并给小猪起名叫"小瘦子"。"小瘦子"也形影不离地跟着他，就像一只忠实的狗。

多年以后，华特回忆这段童年生活时还说："它特爱恶作剧，在它想闹的时候，它可以跟一只小狗一样调皮，跟芭蕾舞演员一样灵活。它喜欢悄悄从我背后顶我一下，然后高兴地哼哼着大摇大摆地走开了，如果我被顶倒了，它就更得意了。你记得《三只小猪》里的那只蠢猪吗？它就是'波克'的原型。我拍它的时候实际上是流着泪拍摄完的。"

华特长大些后，成了农庄附近树林中的植物、动物们的好朋友。树林中的榛子树、柿子树、山胡桃树、野葡萄树及野樱桃树的果实，他可以任意采食。林中的兔子、狐狸、松鼠、臭鼬、浣熊、啄木鸟、野云雀、北美红雀、燕子和乌鸦也都是华特的好朋友，他常常和它们对话、嬉戏，甚至与动物们同悲同喜。

闲暇时，华特带着妹妹到树林里玩儿，他们喜欢听野雀欢快或焦急的叽喳声，看刚出生的小兔子在兔妈妈怀里撒娇，观察小鹿蹒跚学步咿呀学语，跟随松鼠蹦蹦跳跳寻找松果。他们也喜欢看当暴风雨来临时，各种动物一齐奔跑，喜欢看春天到来时，动物们欢呼雀跃。在华特眼里，森林简直就是动物们的乐园，各种生物在共同演奏一曲交响乐。

我们在华特创作的迪士尼动画中随处可以看到他在童年时的森林里看到的风景和经历的故事，如《白雪公主与七个小矮人》中当白雪公主误入大森林后，动物们给她带路，帮她整理房间，为她的惊险遭遇着急；动物们与白雪公主一起洗衣，和她聊天，成为白雪公主最贴心的伙伴；也为她的幸福而快乐。再如，我们在《小鹿斑比》中能看到动物们有时一起悲伤，有时一起欢笑。这些片段很浪漫又很真实，很容易令人走入影片中而引起共鸣。

迪士尼动画中的动物们欢唱舞蹈的场景，正是华特在玛瑟琳童年生活的重现。他把他们发自内心、无拘束的欢乐传递给全世界的每位观众，让人们得以从繁重的生产劳动中解脱出来并感到轻松愉悦。这是迪士尼动画风靡全球的重要原因。

### 3. 墙壁上的大涂鸦

在玛瑟琳的农场，华特·迪士尼展露了他最早的绘画才能，尽管这是一次恶作剧式的胡乱涂抹。

华特的妹妹露丝后来回忆70年前发生的这件事时说："当

时，我父母和哥哥们都去了镇上，只有华特和我在家。我们在家里找到一大桶焦油，华特产生了画画儿的念头，说：'用这个画画一定很不错，我们在墙上面画些画儿吧！'我担心用焦油画画儿擦不掉，可华特则肯定地说：'一定可以擦掉。'于是我们就在面朝马路的白墙上大涂大抹起来。他画了许多房子，上面还冒着炊烟，我则画了一些弯弯曲曲的线条。画完之后，我们突然发现焦油根本擦不掉，于是开始紧张起来。父亲回来之后，看见墙上黑黑的一片，大为生气，但是他也懒得想办法去除掉那些结实的焦油。所以直到我们全家搬走的时候，那些画儿还留在墙上。"这也许是动画大师华特·迪士尼第一次尝试画画儿。

这次外墙大涂鸦让华特对绘画产生了浓厚的兴趣。父亲没有因此对他大发雷霆，更重要的是华特也可以天天看到自己的杰作，并展开丰富的联想，他第一次感受到绘画的无穷魅力。

在玛瑟琳有位善良的医生对华特绘画的才能大加肯定，这让他真正开始了绘画生涯。他在寄往玛瑟琳的信中曾写到："我最珍贵的儿时记忆是有关医生舍伍德（Sherwood）的。他过去常常鼓励我画画儿，并且因为我的努力奖给我小礼物。有一次，为了画画儿，我让他牵着他的马几乎站了一整天。当然，那幅画并不是一幅杰作，但是舍伍德让我认为这是最好的画之一。"这是因为舍伍德医生最后用25美分硬币买下了他的画，这让他自信能成为一名漫画家。

多年后，华特还曾在杂志《游行》（Parade）的一篇文章中谈到此事："对于一个孩子来说，成人的鼓励是最激动人心的，它的影响非常久远。它可以帮助孩子确定目标，增加自信心，激励他们矢志不渝地朝着目标奋进，而这正是成功的关键。"

除了舍伍德医生之外，华特的所有美术作品，还得到他的婶婶——罗伯特的妻子玛格丽特（Margaret）的肯定与赞赏。她还曾经送给他纸张、铅笔和彩色蜡笔，这对于当年的华特来说是非常珍贵的礼物，因为之前他从来没有使用过这么专业的绘画工具。

### 4. 音乐与表演艺术的熏陶

在玛瑟琳镇上的一家电影院，华特·迪士尼第一次看了才发明不久的电影。一张用床单扯成的银幕上，放映了《耶稣十字架》和《复活》等影片。华特带着妹妹露丝大饱眼福，看见跟周围一模一样的人在银幕上活动着，他们激动得欢呼雀跃。

父亲伊利亚斯虽然是一个农夫，但拉得一手好小提琴。星期天，他常带华特去邻居家玩。父亲拉着小提琴，邻居家的女儿弹着钢琴，一演奏就是两个小时，华特既佩服又陶醉。

幸运的华特拥有的不仅是这些。他喜欢火车，而他的叔叔迈克（Mike）是一名往返于玛瑟琳和艾奥沃之间的火车司机，常从华特家附近经过，有时也会暂住在华特家，所以华特可以听到很多关于火车的故事。同时，华特的祖母，包括住在附近充满爱心的亲戚们也都很喜欢华特，经常鼓励他做自己喜欢做的事情。

在玛瑟琳短暂的生活影响了华特·迪士尼的一生：40年后，他曾按照当时玛瑟琳镇谷仓的样子建了一座谷仓作为摄影棚。另外，动画片里的小屋、给奶牛挤奶的恶作剧、迪士尼乐园的设计和他的电影《真实生活历险记》都打上了这个小城镇的印记。

# 第三节　堪萨斯市的勤快少年

> 我的工作就是为人们尤其是孩子们带来欢乐。我将我的很多时间花在了研究孩子的问题上。
>
> ——华特·迪士尼

## 1. 迁居堪萨斯

在玛瑟琳的后几年，伊利亚斯一家的生活境况日趋艰难，后来竟然入不敷出。那年冬天异常寒冷，恶劣的天气使玛瑟琳镇越来越多的人都得上了肺炎。真是雪上加霜，祸不单行。农场无法继续经营下去，华特母亲弗罗娜与父亲伊利亚斯

商议准备卖掉农场。但是，由于经济形势非常严峻，他们只好低价将农场出售。4年的艰苦劳作竟落得一无所有。

他们决定等孩子们这个学期课程结束后，就变卖全部家当离开玛瑟琳，迁往大城市堪萨斯寻找新生活。

堪萨斯市是圣菲贸易通道上通往西部的一个欣欣向荣的城市，也是全国重要的铁路枢纽之一。这里高楼密集，汽车和电车在宽阔的马路上穿梭，飞驶的小火车不时敲着警铃穿过大街，戏院里彻夜灯火通明，商业非常发达。

对年少的华特·迪士尼来说，这是个新奇、神秘、令人激动、但又充满未知的地方。他既害怕又喜欢，没有了动物伙伴和小树林，但有不时响起的汽笛声和五彩斑斓的霓虹灯，还有费蒙特公园，这些都令他着迷。公园离他家只有两条街道远，他常去玩耍。当时他觉得这个公园仿佛是一座游乐园。

## 2. 艰辛小报童

华特·迪士尼在堪萨斯度过了6年的报童生涯。来到堪萨斯后，父亲伊利亚斯以30美分一份的价钱买下700份《时代早报》和《星报》的送报权。

华特和哥哥罗伊、妹妹露丝就成了父亲的报童，每天早晨三点半就要起床去领取报纸，将早报送到订报人家里，然后去上学，放学后再送晚报。他们每天重复这样的工作。

报童的工作是很辛苦的，不论是狂风还是暴雨、不论严寒还是酷暑都不能中断，而且订户在风雪天气又恰恰最想看到报纸。

在华特记忆中，自己经常跌倒在雪坑里。在冬天，他最喜欢送最后一站的报纸，因为那是一幢装有暖气的大楼，他一层一层地往上送报，可以暂时享受里面的温暖，甚至还可以找个角落小睡一会儿。直到晚年，华特还时常梦见送报的情形，他在梦中惊慌恐惧，因为还有几家的报纸没送到。

在堪萨斯时，最愉快的事情莫过于看市里的马戏团来演出。每次马戏团来了，华特就跟在他们后面走街串巷，常常走得离家很远了都还不知道。

马戏团走后，华特兴致不减，便把妹妹和邻居家的孩子们召集起来，自己搞一个马戏团，把一辆大篷车改装成游行车。由华特当导演，其他孩子们听他调遣，表演着他们自己的滑稽剧。谁也未曾料到，世界最著名的导演之一就是这样诞生的。

华特·迪士尼第一次制作卡通动画时仅仅9岁。那时妹妹露丝出麻疹，不能出门，华特便在家陪她玩儿，并且画画儿逗她乐。有一次，他快速翻动自己画的一套连续性的图画时，发现画中的人物仿佛在动。他们都觉得很好玩，所以经常绘制这样连续性的图画来。事实上这就是最早的动画，被华特在游戏时发现了。

### 3. 想象力超群的小学生

在学校，华特·迪士尼并不是个好学生。华特在本顿学校念了8年，但成绩一般，经常被评价为"不出色，一般般"，

老师经常对华特父亲抱怨："这孩子上课注意力根本不集中，恐怕要跟不上课程进度。"

华特从不认真做作业，倒是对马克·吐温的小说极感兴趣，他读完了马克·吐温的全部著作。马克·吐温的童年生活与华特在玛瑟琳的那段生活有些相似。他还喜欢一些冒险故事和狄更斯的小说。

少年的华特·迪士尼最喜欢的还是画画，但他在这方面的表现也与老师的要求背道而驰。有一次老师布置图画作业，要大家画一盆花。结果，华特跟所有的学生都画得不一样。在他的作品中，他将花画成脸，叶子画成手，既不是花，也不是人，而是二者综合交织在一起的一种东西。因为在他眼里动物和植物都是有生命意识和感觉的小精灵。

少年时期的华特，在想象力和创作方面就表现出与其他同学完全不同的天赋。虽然他常常因此被老师批评，但是这些小打击并没有让华特对画画儿失去兴趣，反而越来越喜欢，他的画作也越来越有创意。

渐渐地，华特喜欢上了漫画。最先是模仿杂志上的漫画，后来技艺慢慢娴熟起来，他开始自己画，见什么画什么。有一次，他去理发店理发，顺便在等候时画了一张画，画出了理发的顾客的各种趣态。店老板很欣赏，并将它挂了起来。后来，老板让华特每星期为他画一张，这样他就可以免费理发了，华特欣然答应。

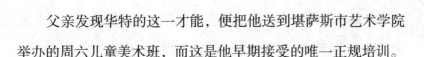

父亲发现华特的这一才能，便把他送到堪萨斯市艺术学院举办的周六儿童美术班，而这是他早期接受的唯一正规培训。

### 4. 热衷于表演的小明星

在学校，华特是同学们公认的杂耍和滑稽表演的明星。他看完马戏和无声电影回来，就专心模仿里面各种角色的搞笑动作，并在学校里表演。华特的保留节目是《照相馆里的欢乐》。

在演出中，他演一个滑稽的摄影师，让同学们站在照相机前摆好姿势，准备好表情。等到他一按快门时，照相机里突然喷出一股水来，喷得大家满脸都是。这时摄影师又从相机中取出照片一看，原来是华特自己画的一张怪模怪样的卡通画作，于是，同学们都被逗得哈哈大笑。谁也想不到，就是这位富于喜剧天才的同学，十几年后将逗得全世界的人哈哈大笑。

在华特上五年级时，在林肯纪念日这天，华特更是使尽浑身解数，大大地过了一把表演瘾，这次他扮演的是美国历史上最伟大的总统之一——林肯，他穿戴上父亲的大礼帽和燕尾服，在自己的下颌上贴上皱纹纸做的胡子，面颊上再用油泥弄出一个瘊子，便扮成了林肯的样子。这一次，他甚至得到了校长的欣赏，并且派他到全校各班去模仿表演林肯在葛底斯堡的著名演说，全校一片轰动。

迪士尼一家和华特·裴弗及其家人关系十分要好。他们也很喜欢华特，经常与他分享家庭的温馨与快乐。两个小伙伴常

常从电影和滑稽剧中寻找乐趣，并创作自己的滑稽短剧，取名为"两个华特"，在裴弗家、学校和当地业余舞台上表演。有一次，华特又穿上父亲的衣服、裤子，戴上大礼帽，反穿一双大破皮鞋，成功地扮演了卓别林并且获得了第四名的成绩和25美分的奖金。

### 5. "新闻贩子"迪士尼

华特15岁时，父亲伊利亚斯出售了在堪萨斯的送报权，全家迁回芝加哥，投资办了一家果冻厂。只有华特和哥哥罗伊留在了堪萨斯。他们在当地火车上卖报纸、糖果、水果、饮料和香烟。若干年后，他把自己的工作描述成"新闻贩子"。

华特曾回忆道："穿上整洁的蓝色咔叽制服，戴着尖顶帽，纽扣金光闪闪，衣领上的徽章闪闪发亮，我感到非常自豪。当火车驶进一个又一个站点时，我站在列车的踏板上，靠近列车长，站台上的年轻人投来羡慕的目光，这让我感到非常高兴。"

这段经历让华特感觉非常自信。火车是当时最先进的交通工具，华特常常梦想自己坐着火车环游世界。之后他创作的卡通动画《糊涂交响曲》《小飞象》和《米奇与魔豆》都是以一列长长的、富有童趣和人性化的火车，贯穿整个故事。小飞象和其他动物乘着列车到世界各地表演杂技，而魔豆却梦想着自己从列车的铁窗中逃离，重回大森林获得真正的自由。他们在列车上演绎着不同的人生经历。

短暂的"新闻贩子"工作，让华特看到了世间百态，也获得了丰富的人生体验和创作灵感。

# 第四节　编织梦想的高中时代

只要有梦想，你就可以实现。

——华特·迪士尼

## 1. 集中修炼绘画技能

1917年秋季，华特·迪士尼在芝加哥麦金利中学开始了他的高中生活，他一进校就充分展示了自己的艺术天分，成为校刊《金声》的漫画家，他最初一批漫画作品就刊载在《金声》上。华特的漫画活泼而幽默，并反映了他想要参军的焦急心情。

此时第一次世界大战还没有结束，哥哥罗伊已参加了海军，当他穿着漂亮的水兵服回家时，华特羡慕极了。虽然他的个头与哥哥一样高，但是他还不到参军的年龄，所以他只能在漫画中表露自己对军人的倾慕。

有一幅漫画描述两个逃服兵役的人讥笑一个伤兵说："喂，受伤了？真不幸！"旁边的两位警察说："那位士兵离

开之后，我们要把那两个游手好闲的家伙抓起来！"

在麦金利中学，华特担任校刊《金声》的漫画绘制和摄影工作，每周去芝加哥艺术学院学习解剖学、写作技巧以及漫画。华特的漫画技术提高得很快。他还拜了很有名望的漫画家为师，如《芝加哥论坛报》的漫画家欧尔和《前锋报》漫画家戈西等，他到报社去观摩这些漫画家如何工作，回到家就把自己关在屋子里苦苦地画。在自己觉得满意之前，他从不把作品拿给别人看。

此时，华特·迪士尼开始留意生活中有趣的事，并开始收集笑话，有空还去杂耍戏院一呆就是几个钟头，把滑稽艺人说的笑话记录下来，作为漫画素材。

他也从报上收集笑话，并加以修改整理。有一次，他试着把自己觉得最有趣的笑话念给父亲伊利亚斯听。父亲听后，脸上一直没一丝笑容。但过了几天，他却一脸严肃地对华特说："华特，我仔细想了想，我觉得你讲的笑话很有趣，非常有趣。"他从来弄不懂儿子为什么那么喜欢娱乐界，也从不赞成他去当一名漫画家。

## 2. 迪士尼的暑期社会实践

1918年春天，迪士尼读完高中一年级。他用铅笔在自己脸上画了几条皱纹，又穿上父亲的西装，戴上衣帽，去邮局联系暑期工作。他虚报年龄，称自己已18岁，结果入选，他每天要工作12到14小时，任务是分送信件。迪士尼每天免费搭乘电车和高架铁路在全市奔波，分送"限时专递"的信件。后来，他被准许自己开一辆有4个前进挡和4个倒挡的卡车，在市区内送信。

这时他碰到一匹极富灵性的马，这匹马使他这个自小熟悉动物的孩子也不禁大为惊叹。有一次，他去邮马棚里牵出一匹马，套上缰绳，挂上邮车去市中心各旅馆前的邮筒取信。领班对他说："只要你跟着这匹马，你就迷不了路，它会带你去每一个邮筒，你甚至可以不动缰绳一下。"

果然，这匹马拉着邮车和迪士尼走上大街，遇见汽车，它知道自行避让。过吊桥时，正好碰上桥吊起来让河上的大船通过，马也自行停下来等桥放下来再过桥。有了这匹马，第一次干这种活计的华特根本不需要路线图，马自觉地在每一个邮筒前停下来，等华特下车取信并放回车箱关门之后，才开始继续前行，关门声就是马前进的信号，但在市中心高架铁路圆环的一家旅馆前，华特却虚惊了一场。

他下车去旅馆大厅取信，出来一看，马和马车都不见了。马车上装了满满一车信，如果丢了，后果不堪设想。他惊慌失措垂头丧气一阵乱找，猛抬头，发现马车正停在另一条街上。原来这匹马习惯于在赶车人下车后就绕到另一条街的邮筒前去，等赶车人取信之后直接穿街去找它，这样可节省一些时间。在以后的岁月里，华特对这匹识途的"灵马"津津乐道，难以忘怀。

这年夏天可以说是华特·迪士尼一生中最惬意的日子了，他成天乘着邮车到处转悠，不用像以前那么辛苦地送报。到晚上，他还可以用自己挣得的工资请自己在麦金利中学的女同学看电影和杂耍表演。

这时他有了自己的女友。女友让他用挣来的钱买条独木船，他考虑再三，结果买了一台摄影机。在一条巷子中，他支起摄影机，拍下了自己模仿卓别林的镜头。同时为了讨好女友，他又与另一个男孩合伙买了一条便宜的独木船。由于便宜，这条独木船又小又不易操纵，结果，当他和女友第一次乘船时，两人都一下子翻进了水中。

华特的独立性和判断力就是在这些实践中逐渐培养和形成的。他总是一刻都不让自己闲下来。他把所有的时间都分配得有条有理，且兼顾自己的理想和爱好。他既不拖沓也不等待，认为对的事，认为应该做的事就动手去做，哪怕失败也一定会去反复尝试，直到满意为止。

对于一个有理想、有抱负的人来说，在实践中培养起来的这些性格至关重要。迪士尼对事物有自己的独到见解，并能始终如一地认真执行，坚持到底，这才是他为日后的成功奠定的坚实的基础。

### 3. 虚报年龄参加一战

1918年夏天，盟军在第二次马恩河战役中成功地阻止了德军的攻势，法国福煦元帅下令盟军全面反攻。这时，华特·迪士尼再也忍不住了，他感到战争就要结束，而自己还在后方闲混，便急着要去当兵。他对不以为然的父母说："我不想让我的子孙质问我：'你为什么没有去参加战斗？你是不是怕打仗？你是个孬种吧？'"三哥罗伊早已参军，并正被派往执行美国与法国之间的航行任务。二哥雷蒙德则参加了陆军。相比之下，华特更想去体验一下战争的刺激。

在同学罗素的伙同下，华特·迪士尼虚报年龄进入了属于美国红十字会的救护车部队。他被派往康涅狄格州桑德滩，乘船前去法国。1918年11月8日，战争结束，盟军获胜，全国一片欢腾，但滞留在桑德滩的红十字会救护车部队却感到很矛盾：战争结束了，他们志愿为战争服务的理由也不再存在了。他们自称为失业部队，所有的队员都很想家。

华特尤其沮丧，他一心想奔赴欧洲战场，但刚刚接近，战争就结束了。他开始怀念母亲做的可口饭菜和女友。女友临行前答应他，等他回家后就嫁给他。

一天凌晨，大家被军官叫醒，营房里灯光大亮。"都起来！都起来！有50个人要立即到法国去！"华特心情灰暗地说："不会选上我的！"说完又蒙头大睡。军官开始念名字，第50名刚好是"华特·迪士尼"。一小时后，他们乘火车前往港口，当晚即乘一艘老旧而且锈迹斑斑的运牛船"法宾"号，起航开往法国。

第一次乘船横渡大西洋，华特兴奋极了。这次航程充满危

险，虽然战争已结束，他们不会遭到德国潜艇的袭击，但是这艘船所经过的水域都是曾布过水雷的。船快到法国时，美国海军的好几艘扫雷艇开到"法宾"号两边护航，带领他们缓缓地通过了英吉利海峡。

到达法国后，华特·迪士尼和同伴们这群美国中西部的年轻人，对这里的一切都感到新奇。乘火车去巴黎时，华特注意到法国火车头比美国火车头要小得多。他第一次看到法兰西乡间景色：一个个秀丽的小农庄被高高的灌木丛和白杨林分隔开来。繁华的巴黎此时仍是一派战时景象。街上到处都是穿制服的各国军人，有些地方还堆着泥袋筑成的防御工事，时常有炮车隆隆地开过大街。美国的救护车总部设在圣西尔军校。华特他们报到后便住在一座阴湿寒冷的庄园里，晚上用报纸包裹自己取暖，吃的东西只有猪肉和豆子。日子单调乏味，华特在这里度过了自己的17岁生日。

不久，华特·迪士尼从圣西尔调到巴黎的第五后方医院开载重量为5吨的大卡车和由救护车改装的小车。后来又被派去为军官们开车，他很快就熟悉了巴黎的大街小巷，开车送军官们去司令部、医院、使馆。

### 4. 战区画家迪士尼

华特·迪士尼后来被派往南希附近的福利社工作，工作很清闲，他又拿起画笔画起漫画来。他把作品寄给美国的幽默杂志《生活》和《鉴赏家》，但都被委婉地退稿了，这些漫画都是有关他在法国看到的军人和战俘的。他还给士兵们画漫画，把美女画在救护车的帆布棚上，这让他很受欢迎。

一位佐治亚州的商人请迪士尼合伙做一笔生意。这位商人了解到美国士兵都喜欢从法国带点战利品回国去以便炫耀，特别是那些并没有在前线实际参战的士兵们。为了满足他们这种愿望，他收集了一些德国兵的钢盔，打算在火车上贩卖。他请华特用快干的油漆在钢盔上画上一个狙击手，每画一个华特可以得到5法郎。这位商人再在钢盔上抹上泥，用枪打个弹孔，在弹孔边缘上弄些头发，卖给回国的美国兵，后来赚了一大笔钱。华特把一个月的52美元工资和赚来的钱寄给了国内的母亲，让母亲给妹妹买只手表。

### 5. 红十字会的生活趣事

多年以后，华特·迪士尼仍没忘记在红十字会的这段工作。1912年，华特给法国红十字会艾丽丝女士写信回忆道：

"我先向你们介绍一下我是谁及我的工作。我当时是福利社的驾驶员，而你是福利社的主管。我整日呆在福利社干些跑腿的工作，我要接女孩子们到福利社，再送她们回宿舍，又要送她们去乡下买鸡蛋，再到陆军果菜仓储店去买些东西，偶尔还要送她们去野餐。我就住在与福利社相连的一间小屋里。

也许你还记得潘兴将军送他的儿子华伦来福利社的情形吧。当时，大家一起挤进我开的那部小车到了圣女贞德的出生地，并在那享受了一顿美味的野餐。那炸鸡的味道真令人难

忘！

我还清楚地记得第二骑兵连的一些弟兄，还有负责清洗浴室的一班德国战俘，其中有一名战俘给我的印象很深，他的名字叫鲁伯特，我记得他常常会想办法骗我，好让我给他们买东西。

有一天，鲁伯特手里拿着一只空酒瓶来找我，并给了我一些钱，说是艾丽丝小姐让我去为她买酒。我对此感到奇怪，艾丽丝小姐怎么会让我替她买酒呢，虽然如此，我还是按照他说的把酒买回来了。回来时，鲁伯特还站在那，并且他坚持要亲自将酒送给你，我便没有再进一步推敲。大约半个小时后，我在浴室里发现了那些德国战俘正在痛快地喝着酒，而那正是我给你买的那瓶酒！鲁伯特和那些德国战俘要了我不止一次，那次只是其中之一……"

红十字会的工作繁杂琐碎，但是华特并没有因此而感到厌烦。相反他总是很耐心细致地完成每一个微不足道的任务。与德国战俘的周旋让华特变得更加小心翼翼，他的思维也开始严谨起来。

## 6. 准备回国

福利社解散后，华特·迪士尼申请调回巴黎。此时的巴黎看不到一丝战时景观，又恢复了战前的浪漫情调。美国军队已一批一批撤回美国，华特高兴地碰到了当初约他一同加入红十字会的同学罗素。

他们在一起喝着咖啡和啤酒，拟订了回国后的一个冒险计划：造一只木筏，从密西西比河的上游漂向大海。他们还买了两只幼狼犬。罗素先回国，华特给了他75美元，让他把狼犬带了回去。

临行前，两人到照相馆照了几张照片，寄给朋友和亲人。华特戴着战地便帽，穿着咔叽制服、马裤，还戴着铜盔，表情愉快而骄傲。他想通过这些照片告诉亲人：他已经在法国长大成人了。此时在巴黎的华特·迪士尼，对回国后的生活充满了希望。

# Walt Disney

第三章　**迪士尼的志气**

　　　　——华特·迪士尼创业史

*Walt Disney*

华特·迪士尼曾经说："给自己一个梦想，想象的目的不是把你困于现实，而是要把你带到悬崖边，然后把你踢下去，这样你才能展开想象之翼，然后缓缓降落。"华特在悬崖边展开了双翼带着梦想勇敢地翱翔，而对于世界上数以亿计的人来说，华特·迪士尼却是那个在悬崖边踢了我们一脚，然后帮助我们展开想象之翼的人。

1919年10月，华特·迪士尼带着对未来的美好憧憬回到芝加哥。下车后，看着眼前这片曾经熟悉的热土和川流不息的人群，他豪情满怀，认为自己再也不是来自堪萨斯的小老百姓，而是见过大世面的男子汉了。他准备在这片土地上努力拼搏，书写自己的传奇人生，而那时的华特·迪士尼仅仅17岁。

华特回来后第一件想要做的事就是完成出国前的心愿：与女友结婚。但是华特发现女友在3个月前已同别人结婚了。这一消息让他对结婚成家失去了兴趣。于是华特去找好友罗素，实现他们回国前的冒险计划：造一只木筏，从密西西比河的上游漂向大海。可是，此时的罗素已经找到了工作和女朋友，没有兴致和华特去密西西比河漂流了。

一时间，华特·迪士尼陷入极度的沮丧之中，计划都已成泡影，他对同伴和女友失去了信心。他满怀的激情还没来得及加温，就遭遇了一盆凉水。此时美国有成千上万从战场上归来的人找不到工作，华特也是其中一员。父亲建议他去果冻厂工作，周薪25美元，华特拒绝了。他坚持要做一名画家，但怎样

靠画画儿来养活自己，他还一无所知。

和创造世界名牌的人

一起放飞梦想

*Let the dream fly*

# 第一节　为梦想斗胆创业

做不可能的事情是一种乐趣。

——华特·迪士尼

　　嘈杂、脏乱的芝加哥让华特·迪士尼感觉非常压抑，于是，他决定回堪萨斯去碰运气。哥哥罗伊已退伍并在那里工作，华特认为，如果他也到了堪萨斯，兄弟之间可以相互照料。而且，华特相信堪萨斯的《星报》会雇用他做政治漫画的编辑（这是他准备工作以来最想从事的工作），因为他做过6年的《星报》送报员，对那份报纸的特点和绘画风格非常熟悉。但华特回到堪萨斯后，想当画家的他却屡屡碰壁，因为包括《星报》在内的所有的报刊都不缺漫画家。

　　哥哥罗伊深信弟弟的绘画才能，托朋友为华特推荐工作。华特真诚热情的自我介绍和他画的一幅巴黎街景，打动了广告画家路易斯，他决定请华特当助手。这是华特回国后的第一份工作。

　　华特·迪士尼虚心好学，喜欢接受对自己有益的批评，深得指导教师路易斯的赏识。路易斯让他负责为农场农具和供应品公司设计广告和信笺上面的草图。他的第一项广告设计是一份饲料广告，宣传饲料公司新研制成功的一种能促进母鸡生蛋的饲料。华特设计了一只母鸡伏在鸡窝，窝里窝外都是鸡蛋，大大的鸡蛋上画着耀眼的美元符号。这一广告的发行效果很不错。一周后，他被告知每周薪水涨至50美元。

华特工作的这家公司，是堪萨斯市一个商业美术工作室——格雷广告公司（Gray Advertising Company）的普雷斯曼-鲁宾美术工作室（Pesmen-Rubin Art Studio），专门为商人策划广告，有些以印刷品的形式发放，有些则在当地电影院播放。但这只是一份临时工作。幸运的是，华特·迪士尼在这个公司结识了志同道合的伙伴厄比·埃维克斯（Ubbe Iwwerks），他和迪士尼年龄相同，而且也一样中学没毕业就进入社会独自拼搏。两人合作默契，为农庄农具以及百货公司和剧院设计了大量广告，但在圣诞节前的繁忙时期过去之后，他俩都被辞退了。

被格雷广告公司辞退后，华特·迪士尼和厄比·埃维克斯不愿就此分手，也不愿放弃他们心爱的事业，便开始筹划共同创业。华特在红十字会工作时积攒了500美元，这就是公司仅有的运营资金。他们在堪萨斯创立了埃维克斯-迪士尼广告公司（Iwwerks-Disney Commercial Artists）。公司主要业务是为客户制作广告并推广。厄比负责绘制普通画和美术字等业务，华特则负责漫画创作和扩展业务。为了能多联系客户，华特跑遍了当地的印刷厂、戏院、商店及石油公司。然而，他们第一个月仅仅赚了135美元。

公司成立一个月后的某天，华特被堪萨斯市电影广告公司的招聘广告吸引了，公司征求卡通绘画的一流人才。没想到，华特参聘的作品使公司老板卡格很满意，答应给他周薪40美元。厄比也认为这是华特发展的一个好机会，便让他去了。不久，在华特的推荐下，厄比也被这家公司雇用。他们为当地商人策划广告，使用剪纸、拼接图形的方式制作动画短片，然后在当地电影院播放。埃维克斯–迪士尼广告公司也因此关门大吉。

初次草率创业，华特不仅没有获利，而且还赔掉了所有的积蓄。但是，这个短命的公司，加深了他与厄比·埃维克斯的相互了解与信任，为厄比成为华特非常重要的创业伙伴奠定了基础。

# 第二节　为梦想勤学苦练

我为我们的卡通艺术的发展引以为自豪。我们人物的制作是为了抓住人们的情感，就在短短的几年前，卡通人物要实现这一目的似乎是不可能的。在当前制作的卡通片中，某些动作之优雅是人类都难以做到的。

——华特·迪士尼

华特·迪士尼常常被认为是动画片之父，实际上，在华特制作动画之前，动画形成已久。在埃及、中美洲的书籍、壁画里，连续图片一直用来记载运动的场景。在许多文化里，皮影戏就是通过幕布来观看的动画剪影。最初搬上银幕的动画片像木偶和皮影戏一样，只是让图像中人物的几个关节活动起来，显得笨拙而没有生气。

华特·迪士尼在为堪萨斯市电影广告公司绘制广告的同时，开始配合制作活动的动画，这是日后成为动画大师的华特第一次接触动画电影。一般情况下，堪萨斯市电影广告公司只

要求制作一分钟的广告影片，在电影院放映。

这种卡通很原始，制作过程也非常简单：把动物和人的画像剪下来贴在幕布上，然后使其关节部分活动起来，一格一格拍下影片，放映时就会产生活动的效果。

由卡通画家绘制图片并剪出图样，并附上一份关于图片中的动物或人的动作说明，把它们交给摄影师来完成动画拍摄。但是，公司各部门对自己的制作技术的保密程度很高，不会轻易示人。

华特对绘制图片比较熟悉，但对摄制技术一无所知，不过他还是非常好奇。于是，他设法与摄影师吉米交上了朋友。吉米告诉他怎样把不动的图片拍摄出来——而产生动的错觉，甚至让华特自己对图片进行拍摄。尽管如此，华特·迪士尼还是认为这种制作方法太简陋。

当时的卡通动画在影院通常只在电影中场休息时播放，并不是真正意义上的动画片。华特之前的动画还停留在初级阶段：无声、黑白、简短而笨拙的搞笑或广告短片，没有故事情节，更没有广为流传的卡通形象。

华特非常希望自己能设计制作出更加真实、细致、生动的动画。于是，他在堪萨斯图书馆借阅了卢兹和迈布里奇著的有关描述动画技术的书籍。他从中学会了翻页、播放等技术，以及投影图像序列的各种机器，他还仔细研究了动画基础，包括识别有细微差别的连续图画、排列图画的故事板等。卢兹的作

兜售快乐的天使迪士尼

和创造世界影名牌的人

一起放飞梦想

Let the dream fly

054

品里既阐释了人体运动形式和动物运动形式，又介绍了动画对象的符号运用和情感表达。

华特·迪士尼用这些知识来改进动画。他借来一部摄影机，在车库里搭建了临时工作室。华特把书里的照片翻拍下来作为自己画卡通的样子，并尝试各种各样的动画形式。很快，老板发现华特的卡通比公司过去的卡通更具有真实性，便决定采用华特的新方法，于是华特和厄比开始为这家公司制作更加生动真实的卡通。

随着动画制作水平的提高，华特这位年轻的艺术家逐渐形成了自己的风格——幽默搞笑、真实细腻，并以层出不穷的恶作剧而闻名。接触了正规的卡通影片后，华特·迪士尼将自己的艺术潜力一步一步地发挥出来了。

华特在艺术上的创意迭出往往弥补了他在绘画技巧方面的不足。就卡通画的技巧而言，他也许比不上其他画家，但在艺术创意上，他总能出人意料，脱颖而出。一次，一家帽子公司指名请他画广告片，华特清楚，自己画的人的面孔并不比其他广告公司影片中的面孔更漂亮，只有另想办法才能出奇制胜。于是，他画出一张很滑稽的面孔，令客户和观众都很喜欢。

此时，华特一边在堪萨斯市电影广告公司继续绘制新动画，一边在自己的临时工作室尝试制作更加新奇的动画短片。他还通过电影发行商法兰克的介绍，说服了剧院经理弥尔顿·费尔德购买他拍摄的系列动画片。虽然价格很低，华特几乎不能从中获利，但他由此积累了丰富的动画设计和制作经验。

在堪萨斯市电影公司工作期间，华特·迪士尼还曾建议公司制作动画片向当地电影院出售，但是老板对此毫无兴趣。所以，不久后，当华特·迪士尼再次制作动画短片时，雇了几个男孩来完成他的第一个故事——《小红帽》，他将这部动画卖给费尔德，并利用它来发展自己的公司。

这一时期，华特和费尔德还合作得很愉快，费尔德为他提供了许多有关卡通影片题材的好建议，如戏院开幕周年纪念、竞选、圣诞节等。最有趣的是，费尔德抱怨他的电影院中有些观众看电影时总喜欢朗诵影片的字幕，吵得全场不得安宁，时常有人因此发生口角，建议华特想想办法，"刺"他们一下。

于是，华特制作了一部卡通影片专门对付这些"朗诵家"：影片中有一位滑稽的教授，手持一个大木槌，到处敲打那些喜欢朗诵字幕的人的脑袋。最后，他打开一个活门，那些爱读字幕的人一下子都滑落到街上去了。这部片子上演后，那些观众朗读字幕的现象大为减少了，爱读字幕的观众看见片中自己的滑稽样子，也感到不光彩和好笑。

他还针对堪萨斯市的问题制作一些政治讽刺漫画《堪萨斯市春季大扫除》。这部影片质疑了堪萨斯市消除罪犯、地痞和腐败的力度。这部片子受到堪萨斯市民的热烈欢迎，他们早就不满本市警察的丑行了。堪萨斯警察局的官员们也看了这部

兜售快乐的天使迪士尼

和创造世界名牌的人

一起放飞梦想

Let the dream fly

056

片子，他们自己也看得哈哈大笑，不住地笑骂道："这个兔崽子，这个兔崽子，画得真像！"

再如，堪萨斯市民对本市道路状况极为不满，认为道路年久失修，华特借此抓住市民心态，运用早期卡通影片中特有的夸张手法，画出这样一组卡通：驾驶员跌进暗沟碰掉大门牙，整部卡车掉进公路上的一个大洞中。

华特制作的卡通动画越来越为人们所接受，并引起强烈反响。他把这一时期制作的动画片命名为《欢笑卡通》。《欢笑卡通》使华特在堪萨斯小有名气。电影广告公司的老板也以他为荣，经常向重要的来访者介绍他。老板还将《欢笑卡通》借给分布在各城市的分公司放映，要他们看看，在电影院放映的卡通片可以做成什么样子。

华特向他所在公司老板卡格再次建议："我们为什么不制作一连串的卡通故事短片卖给影院放映呢？"卡格对此不以为意。他的生意经是："既然整个美国中西部的电影院都买他的广告电影，这说明电影广告公司已经很兴旺了，何必再冒险投资搞故事短片呢？"

此刻，堪萨斯市电影广告公司的动画制作形式和规模已不能满足华特·迪士尼进一步的发展。于是，华特于1922年辞去工作，成立了自己的动画公司——小欢乐工作室（Laugh-O-Gram Films）。

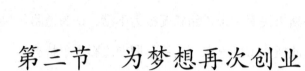

# 第三节　为梦想再次创业

> 我们为什么要长大？我知道很多成年人对生活有着孩子般的想法，这是那些逍遥自在的人。每次在迪士尼乐园都可以看到这样的人。他们不觉得因微小的事情而高兴有什么不好，他们满足于生活所带给他们的内容——有时可能不是很多。

> ——华特·迪士尼

20世纪20年代，美国纽约成了动画业的中心，美国的第一个摄影棚在纽约建立，大部分的影片都出自那里。许多无声的喜剧在纽约的电影院里上演。华特·迪士尼曾看到过这样的影片并想自己也能制作这样的影片，因此他决定辞去周薪60美元的工作，自己成立新动画公司。1922年5月23日，华特·迪士尼在堪萨斯市麦康纳海大楼的一套两居室的房间里正式成立了"小欢乐工作室"，当时，华特年仅20岁。

之前在学习制作动画的过程中，华特明白了一个道理：单打独斗是不可能制作出好动画片的。于是，华特想方设法凑了1500美元作为公司的启动资金。然后招募了3位愿意学习卡通绘画的年轻人。华特亲自教他们绘制卡通的方法，并对他们说，公司一定会成功，成功后即把赚得的钱分给他们，但现在他们没有薪水。

在工作室开始正式运营后，华特又把老朋友厄比从电影广告公司"挖"出来跟自己再次合伙。华特还招了5位卡通画家、一位业务经理、一位负责往卡通上着色的女孩子、一位推销员和一位秘书。公司一开始就为制作动画《红帽小骑士》昼夜工作着。

《红帽小骑士》制作完成后，"小欢乐工作室"还制作了一连串神话卡通影片。推销员去纽约寻找客户，碰到一个大买主——映画俱乐部，迪士尼欣喜若狂。这家公司和迪士尼签订了一份合约，该公司出具了一张100美元的订金支票，并说要花11000美元购进6部卡通片。迪士尼为了赢得这个大订户，赶紧另外制作了5部片子：《布莱梅的四位音乐家》《杰克和魔豆》《金发小女孩和三只熊》《靴中的猫》和《灰姑娘》。

"小欢乐工作室"的员工们只是一群孩子，一群年少的朋友。他们没有后台，他们只具有相同的兴趣爱好，都喜欢动画卡通片，并且都想尝试一番。所以他们反复试验、尝试着。他们只要碰在一起就切磋技巧。从他们制作的影片就可以看出，他们所做的绝对是即兴演出，非常有趣。

影片在不断制作过程中，公司资金也在不断减少。因为制

作出的影片还没有收回成本。到1922年秋天，6部7分钟的卡通影片已被映画俱乐部收到并使用、播映，但"小欢乐工作室"还没有收到买方的货款。根据合约规定，合同生效以后6个月买方才付钱，但迪士尼的片子得先交付。但6个月后，这家公司已宣告破产，迪士尼只好认栽。"小欢乐工作室"所得到的酬金只有最初那100美元的定金。维持公司正常经营越来越困难。

迪士尼不得不花300美元买了一架宇宙牌摄像机，去拍摄新闻卖给纽约的环球新闻片公司，以此补贴公司的维持经费。如果纽约的公司打电话向迪士尼指派任务，他就得暂停拍摄卡通的工作，匆匆赶去拍摄新闻。他先到一家车场租了一架福特T型轿车，然后在挡风玻璃上挂上一个新闻记者标识牌，驶往新闻拍摄地点。拍这种影片很划算，因为它的价钱是1美元1英尺，迪士尼每次都可以拍上100英尺。即使新闻影片公司不采用这卷影片，他们也会支付底片的费用。

迪士尼还用这架摄像机为堪萨斯的父母拍摄婴儿影片，当时堪萨斯《星报》为此做过如下报道：

"东川一街1127号的'小欢乐工作室'，除制作卡通影片以外，还为幼童拍摄影片。父母如果想保留孩子天真的影像，只要知道这家公司的总经理，也就是首席卡通画家华特·迪士尼就可以了。影片冲洗好了以后，这家公司还提供放映机，到家里面来放映。每100英尺可以免费放映3次。"

这些措施都没能挽救迪士尼的工作室越来越糟糕的财政情况。当"小欢乐工作室"经营下去越来越困难时，工作人员陆续离开了迪士尼，最后连好友厄比也回原单位电影广告公司去了，剩下华特·迪士尼孤零零一人呆在办公室里。办公室没有浴室，因此他不得不每星期去一次火车站，花一美分买一块肥皂和一条毛巾，在那里洗一次热水澡，洗完澡后便呆呆地站在月台上，看着一列列火车向其他城市奔去。他不由得想起父母、妹妹，还有好哥哥罗伊都是从这里乘车西去的，常常泪流满面。多年以后，回忆起这段时光，迪士尼依旧感慨万分："那时候的我真是太寂寞了！"

　　迪士尼在堪萨斯接到的最后一单业务是一位牙医来到"小欢乐工作室"，要求公司制作一部宣传牙齿健康的影片，并付费用500美元。已陷入绝境的华特·迪士尼大喜过望。几年后，境况有所好转的他特别喜欢讲这件事："有一天晚上，麦克隆医生打电话约我，我说不能去，并且向他坦白我唯一的一双鞋子已送去修理了，而我却连修鞋子的1美元5美分也没有。那位牙医听后就到我这里来了，不仅给了我取鞋子的钱，还给了我拍摄牙齿健康影片的协议书。"

　　迪士尼又招回一些公司过去的雇员，制作了《汤姆·杰克的牙齿》。牙医支付的500美元点燃了迪士尼的希望，他又寻找其他题材制作卡通影片，并试图恢复公司的业务。这时，他又突发奇想——把一些真实的人物放进卡通世界里去。他为此

设计制作了《爱丽丝梦游仙境》，让一个真实的女孩和卡通人物一起演出。他雇用了可爱的6岁的女孩维吉尼亚·戴维丝作模特儿，在白色幕布前演出并把她拍摄下来，然后再根据原作故事情节把背景和卡通人物画出来，并写信给纽约发行公司自我推荐。他在信中同著名的纽约卡通影片发行商温克勒小姐说道：

"在卡通影片方面，我们有了新的创举。目前我们正在制作一种完全不同的卡通影片，估计几个星期后即可完成。因为这种新的创举把真人和卡通合在一起，与《墨水狂人》和欧尔·赫德的卡通影片大不相同，它由一群儿童在背景上和卡通人物一同演出，所以这种新的创作必会吸引各阶层人士注意，获得他们的欢迎。新的影片将形成一个系列，按每半月一部或每月一部发行……"

迪士尼还建议温克勒小姐看看"小欢乐工作室"以前制作的6部7分钟时长的卡通影片。温克勒小姐回信鼓励他制作出来再说，但迪士尼此时又发现自己没有一分钱了，而《爱丽丝梦游仙境》才完成了一半，公司只好宣布破产。他又写信告诉温克勒小姐，在预期的时间内不能完成第一部人与卡通合演的电影，但相信他不会耽搁太久。

1923年7月华特卖掉了他的摄影机。他要去所有电影制作人要去的地方。

# 第四节　为梦想冲向好莱坞

> 那是我唯一的市场，要打进去。没有选
> 择，只有进去，先成为其中一员，再慢慢提
> 升。不管是扫地还是什么，我不在乎。
>
> ——华特·迪士尼

"小欢乐工作室"破产后，华特·迪士尼身无分文。他又操起那架宇宙牌摄像机在堪萨斯挨家挨户为婴儿摄影，最后他把摄影机卖掉，这才有钱买了一张去加利福尼亚的单程车票，而且是一张头等车票。

1923年7月，华特穿着一件条纹西装、怀揣着仅有的40美元、提着半部《爱丽丝梦游仙境》、两个装有几件换洗衣服和一些绘画用具的皮箱来到好莱坞。好莱坞当时已是一座电影公司林立的城市。

来到好莱坞，华特只想做一件事，进入动画片领域当导演，这是他的目标。华特住在叔叔罗伯特家，并动身敲镇里每一家电影公司的门，但他们都回绝了他。所有的公司都拒绝了他想当导演的申请。他彻底失败了。

此时他身上一分钱也没有了。他到洛杉矶找到哥哥罗伊，罗伊劝他还是回到制作卡通的老本行上去。但华特感叹："太迟了，太迟了，早6年前开始就好了，现在我看我已赶不上纽约那些家伙了。"这也许是华特有生以来第一次对自己失去信心，对于和纽约的专业卡通制片厂竞争，他没有任何把握。

他的忧虑完全是杞人忧天。卡通片虽然在10年以前就受到欢迎，但在这10年中却没有太大的进步。所以纽约的卡通只是表面繁荣——这一点华特并没有认识到，他只感觉前途渺茫。

信心大失的同时，他又认为，经历一次彻底的失败是很重要的。马云也曾这样说，他认为想成功的人应该多看看成功人士失败时的心态与选择。就这一点来看，华特·迪士尼很值得我们学习。

在到处碰壁的情况下，华特告诉自己："那是我唯一的市场，要打进去。没有选择，只有进去，先成为其中一员，再慢慢提升。不管是扫地还是什么，我不在乎。"

这是每一位想要成功的人必备的素质：坦然面对任何逆境。

华特又去好莱坞碰运气。唯一获得的聘用机会是在一部叫《失败之光》的电影中当临时演员。在骑兵冲锋队中演一名骑兵，但最后由于雨天延误，华特没能骑马冲锋，他也只好回到卡通影片的老路上。华特·迪士尼鼓起勇气向纽约这个卡通影片制作中心挑战。他要打进去，挤进去。

他详细分析自己在卡通行业所处的境况——如果还像在堪萨斯那样去拍较为原始的卡通，必然会遭遇失败。左思右想，他认为自己皮箱里的半部《爱丽丝梦游仙境》或许可以成为敲门砖。他又想起了纽约的卡通影片发行人温克勒小姐。他沉着而勇敢地向温克勒小姐描述了自己的事业近况。华特在信中说道：

"特此奉告：本人已脱离密苏里州堪萨斯市的'小欢乐工作室'，现正在洛杉矶市创立片厂，制作以前向您提及的新卡通影片系列。制作此类新卡通片需设制片厂于电影制作之中心好莱坞，以便雇用训练有素的专门人才，以及就近利用良好的设施。随同我来此地的，还有以前职员中的精选人员，我想租一个办公室，以进一步研究技术细节及喜剧情节，并配合改进我制作的卡通影片。"

华特还寄去《爱丽丝梦游仙境》给温克勒小姐验看。温克勒小姐不久即回电华特："相信大作卡通系列可以销出，但爱丽丝相貌应照得更为清晰而稳定。此为新片，需花大价钱做广告宣传，故需要你合作，头6部片子每部底片我们将付1500美元，为表示诚意，此6部每部底片一经收到即将款额全部寄上。"

读着手中的电报，华特无比兴奋，这如同暗夜里的一线灯光。立刻使华特对制作卡通充满了信心。现在能帮助他的只有

和创造世界名牌的人

一起放飞梦想

Let the dream fly

哥哥罗伊，他跑到哥哥那里，请求他同自己一起干。银行出纳员出身的罗伊冷静地分析了一下，问华特能否按期交片、能否获利。华特保证按期交片没有任何问题，而且对于制作成本他也做过预算，一部卡通片只要750美元，利润率100%。罗伊听后答应跟弟弟一起干。从此，哥哥罗伊成了他事业成功的可靠支撑。

1923年10月16日，华特和罗伊与温克勒小姐正式签订了一份合约，温克勒小姐买断《爱丽丝梦游仙境》一片的发行权，原来的6部短片每部价格为1500美元，后6部新短片则是1800美元。温克勒小姐十分看好爱丽丝的扮演者维吉尼亚，合约中规定以后的影片必须由她来演。华特便说服小女孩的父亲辞掉在堪萨斯的工作，把家搬到加州。华特同意付给这位小明星每月100美元的报酬。

华特租了每月10美元的地产公司后院，并买来二手摄影机教会罗伊如何操作。他以周薪15美元的薪资，雇了两名上色的女孩，而华特自己独立负责全部漫画制作。华特和哥哥罗伊疯狂地工作着，他们的拍摄进行得很顺利。后6部短片的第1部《爱丽丝海上之日》按期完成。温克勒小姐看后很满意，并发来电报和银行汇票。华特兄弟因此大受鼓舞。立刻开始筹拍第2部《爱丽丝非洲之猎》。

第2部影片寄给温克勒小姐后，得到的回复是，影片声音和动作配合有很大进步，只是影片喜剧味道不够。所以在第3

部《爱丽丝鬼屋冒险》中特别添加了一些喜剧剧情。在寄出第3部影片的同时，华特给温克勒小姐写了封信："为了遵从您的要求，已尽可能在本片中注入幽默感，相信比上一部片子有所改进。我每次预演都邀请了职业影评人士来观看，他们都说每部影片都有进步。无论如何，他们对这方面来说似乎是甚为满意的。本人则希望这些影片能成为较为高尚的喜剧，而与一般的低俗滑稽剧不同。"

果然，温克勒小姐对第3部《爱丽丝鬼屋冒险》非常满意，并把全套影片卖给其他地区的发行人，从而将华特的卡通影片推向了全国。当时，在新泽西州南部、宾夕法尼亚州东部、马里兰州和华盛顿，都可以看到华特的卡通影片。温克勒小姐这位精明的发行人显然看好华特作品的辉煌前景，并对自己所拥有的影片引以为荣。

得到一部分片酬后，华特和罗伊租了固定的房子，于1924年2月，正式挂牌成立了"华特兄弟制片厂"。但此时公司利润越来越少，因为他要求自己制作的卡通片必须每部都比上一部有所突破，所以越往后制作影片成本越高，以至于入不敷出。华特不得不四处筹资，甚至向哥哥的女友艾迪娜借钱。

资金问题稍得缓减，这时"华特兄弟制片厂"已经将《爱丽丝》系列喜剧第1套制作完成。在绘制影片的卡通部分的过程中，华特发现自己的绘画技巧不足以让他成为一流的卡通画家，他的优势在于创作喜剧剧情。因此，他希望把精力和

时间集中在剧本构思与设计上，绘制卡通片的任务应该交给其他画师。

华特思索再三，认为厄比是担任绘制卡通最合适人选；但是，据他了解，此时的厄比在堪萨斯市电影广告公司周薪高达50美元，而且，前两次两人合作均以破产告终，厄比还有什么理由与自己合作呢？

1924年6月1日，厄比收到一封激情满怀、热情诚恳的信："我们的业务不断地发展，很希望你能到这儿来。这里真是一个适合你的地方，是一个工作和娱乐兼备的好地方，你永远不会懊悔。你的职位将是艺术设计兼卡通制作人。就华特兄弟制片厂目前的制片情形来看，你的大部分工作将是绘制卡通。请马上答复，并告知起薪要多少。目前只有一人帮我绘制卡通，3个女孩子做上色以及其他工作，罗伊则负责业务部分。"

华特的才气与志气令厄比佩服，他认为华特终将是位有所作为的人。厄比辞去堪萨斯的工作，以周薪40美元的条件再次与华特合作。厄比加入后，爱丽丝影片的绘制质量和速度大幅提高，但公司的利润还是没有增加，日子过得紧巴巴。

不幸的是，以前与华特合作愉快的温克勒小姐嫁人了，业务全部由丈夫查尔斯·明茨（Charles Mintz）接管，而她回家当主妇去了。明茨是位充满野心又精打细算的人。新片交付后每次只付华特一半的价钱。尽管华特经常写信告诉他公司的难处，要求尽快付齐欠款，明茨还是推说公司缺钱拒不缴付。

当明茨把《爱丽丝荷兰游》安排在纽约大剧院演出后，影片迎来一致好评。《电影新闻》评论道："把真人和卡通合在一起，由卡通绘制家华特·迪士尼所制作的新电影，极具娱乐性，真是叫人笑个不停。"伦敦《电影周刊》写道："艺术家所绘的和真人所演的东西天衣无缝地配合起来了。"明茨决定以每部1800美元的价格，再向华特兄弟制片厂订购18部《爱丽丝》系列卡通，并同意让华特分享影片租给剧院放映的利润，此举使"华特兄弟制片厂"终于在好莱坞站住了脚。

# 第五节　为梦想安居乐业

只有角色变得人性化，才能让人觉得可信。没有个性的人物可以做一些滑稽或有趣的事，但除非人们能从这些角色身上看到自己的影子，否则它的行为就会让人感到不真实。

——华特·迪士尼

1925年迪士尼兄弟相继结婚。迪士尼兄弟俩自合作以来一直合住在一个房子里，时间久了两人都觉得不方便。于是，罗

伊决定和自己的女友艾迪娜结婚，组建真正的家庭。罗伊给女友艾迪娜发求婚的电报，两人在1925年4月7日举行了婚礼。伴郎华特，伴娘是一个名为莉莲·邦兹（Lillian Bounds）的年轻姑娘。

莉莲·邦兹是一位甜美温和但独立、风趣、坚强的女孩。1924年1月，罗伊和华特雇用莉莲作上色员，因为她年轻漂亮，工作效率高，而且家住制片厂附近，不需要制片厂提供车费，华特就雇用了她，起薪为一周15美元。后来，莉莲兼做上色和秘书两份工作。

华特起初由于每天忙于工作，根本没有注意到新来的这位漂亮的上色员。后来他买了一辆福特T型轿车为公司跑业务，有时下班迟就顺便开车送制片厂的女孩子们回家，这时他才渐渐注意到了莉莲。

一天晚上，他又开车送莉莲到她姐姐家门口。临分别时，华特觉得自己该说出点什么了。于是他就像自己那些卡通片中的人物那样对莉莲说道："我要买一件新西装。等我买了以后，我可以来拜访你吗？"莉莲小姐爽快地答应了。

本来华特一直抽不出钱来为自己买新衣服，但他说了这番话后，发行商明茨就寄来了一张支票，华特大喜，就说服另一个股东——哥哥罗伊一同去各买了一套西装风光一番。

华特为自己选了一套当时洛杉矶最流行的西装：灰绿色、双排扣，配有两条长裤。当晚，他就兴冲冲地赶到莉莲姐姐家，拜会了她的姐姐和姐夫。他们都很欣赏这位24岁的年轻小伙子。华特更是急不可待地问莉莲："你喜欢我这套新西装吗？"

从此以后，华特经常去莉莲家做客、聚餐，或带莉莲到好莱坞大道上的茶座闲坐聊天。后来华特又买了一辆二手的雪佛兰轿车，周末就经常带莉莲出去兜风，到波姆那河岸和南加州各名城游玩。有时他们也去好莱坞戏院观看其他公司的卡通影片，华特借此研究那些片子的优点和缺点。

华特自从1919年18岁时从法国回来被女友抛弃后，就经常宣布他一定要等到25岁、有一万美元的积蓄后才结婚。但与莉莲陷入热恋之后，他等不及了。哥哥罗伊和嫂子艾迪娜结婚后没多久，他就向莉莲求婚了。莉莲似乎也等不及了，当场就答应了华特的求婚。

求婚成功后，哥哥罗伊带着弟弟华特去一家减价珠宝店买戒指。大部分戒指定价35美元，只有一枚3克拉重、镶有小蓝宝石的钻戒，定价75美元，华特就买下了这一枚。在1925年7月13日的婚礼上，华特·迪士尼把戒指套在莉莲的手指上，莉莲一直戴着这枚戒指，直到华特1966年病逝。

婚礼后，夫妻俩很快启程去西雅图度蜜月。短暂的蜜月归来，他们在洛杉矶租了一套月租金40美元的带小厨房的公寓，过起了小日子。从此，莉莲就辞掉了制片厂的上色员工作，当起了家庭主妇。

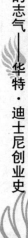

多年以后，莉莲谈及辞职一事时说："任何天才，尤其是华特·迪士尼这样的天才，都是很激进的，需要一个真正的家人照顾他。"所以40多年的婚姻生活，莉莲与华特总是相敬相爱相互扶持。

婚后，华特的创作灵感更是层出不穷。在《爱丽丝》后相继创作出兔子奥斯华、米奇老鼠、白雪公主、三只小猪以及斑比、辛巴等等一系列家喻户晓的动画形象。莉莲的贤淑使得华特无后顾之忧，事业蒸蒸日上。可见，安居方能乐业。一个稳定而和乐的心态对创业者来说是非常重要的。

# 第六节　为梦想攻坚克难

卡通动画作为叙述故事和视觉娱乐的一种方式，可以为世界各地各年龄的人们带来欢乐和信息。

——华特·迪士尼

华特从来都不是为动画而动画，而是为挑战而动画，为让奇思妙想付诸现实而动画，为让所有人快乐生活而动画。所以他总能找到让影片富有新鲜感与活力的方法。华特创作的喜剧情节不媚于低俗，不囿于金钱，往往具有高品位，令观众为之折服，而不是一笑了之。

1925年7月6日，华特兄弟以400美元的价格在赫伯龙大道2719号的地方买了一块地，准备建造一座更大的制片厂。此时制片厂的财务状况依然捉襟见肘，资金周转主要靠明茨所付的每部新片的发行价款，但对华特来说，这些钱总是来得太迟了。

但是，明茨声称，华特交付给他的每部《爱丽丝》喜剧都让他赔钱。1925年10月6日明茨给华特的信写道："我们过去为你做的事难道你一点都不领情吗？头7部电影我们全都亏本，还有，你们给我们的电影，我们一块钱也赚不到，你应该为你自己惭愧。"

这个时期华特与明茨之间的业务通信，简直就是一场场笔战。

1925年10月15日华特在给明茨的信中写道："根据合约，我们交出最后一部电影的日期是1926年1月5日，然后你还有在下一年继续购买26部电影的权利，如果你愿意继续购买，本制片厂已能够每2个星期交出一部电影，按照我们目前薪水开支情形，如果改为每3个星期交一部电影，本制片厂势必赔钱，但是裁员是绝对不行的。你深知在我们这一行要请到训练有素的人是非常困难的。现在我所请到的艺术人员都是经验丰富、能力卓越，是以任何薪水都难以替换的，如果把交片期限延

长，赔本了我怎么办？"

1925年10月17日明茨给华特的信写道："首先我想你会相信我们在发行第1集《爱丽丝》喜剧时赔了不少钱。我也认为你会相信，到目前为止我们发行第2集所赚的钱还不能把前面所赔的窟窿填平。我想你也会同意，如果我们继续这样下去并不是好办法，如果你看商业报纸，或者你曾经和电影行业的人泡在一起，毫无疑问你会看到报上所写的。事实确实如此，独立制片市场已经垮了。"

与发行人明茨的冲突使23岁的制作人华特感到，电影制作人除非有自己的发行公司，否则时时都得处于与发行人的纠葛之中，还得看发行人的脸色行事。华特已经觉得在好莱坞若想长久发展，光做一位有创造力的艺术家还不够，还得学会心狠手辣做生意。

与明茨的冲突最后以1926年2月8日双方签订新约定而暂告结束，新合约规定：明茨以1500美元一部的价格购买《爱丽丝》卡通片集。在他收齐放映商的3000元租金后，多余的租金与华特平分。

其后华特又加进了若干条修正条款，这些条款实际上成了华特以后制片业务的基本原则。华特同意"每一部电影都具有高级趣味"，但坚持"有关喜剧趣味的一切事项都由我决定"，这就杜绝了发行商和放映商有可能为了市场而提出过于庸俗的要求，他还说明"《爱丽丝》喜剧的名称或内容，如他人在电影之外，如玩具、新奇珍玩、报纸连环画等方式中加以利用时，双方同意平分因此而得的利润"。

在此合约中最重要的一条是华特规定的"除了在以前合约中你所购得的影片集的权利外，《爱丽丝》喜剧所有的商标和版权都归我所有"。

华特在与发行商的周旋和斗争中，大大地开发了自己的生意头脑，为以后迪士尼的公司化前景打下了良好的基础。

新合约签订后，华特兄弟的新制片厂也落成了，位于洛杉矶市郊的银湖区，新厂是披盖了一层白色灰泥的建筑物，占地约727平方英尺。楼内有华特兄弟各自独立的两间办公室，其余空间是卡通绘制员和上色员的工作间。这时华特认为一个单独的人名更能具有票房吸引力，也更易被人记住，就把原来的厂名改成了华特·迪士尼制片厂。

1926年华特的全体工作人员在新制片厂前合影留念，照片上的人物都精神抖擞，他们真的全心全意献身于创造喜剧卡通影片的工作。华特兄弟、首席卡通画家厄比、其他一些卡通绘制员（他们在此之前都是一些非常失意的画家，来华特制片厂工作后才找到了自己的位置），以及年轻漂亮的卡通上色员姑娘们，无不意气风发、踌躇满志。

华特为了使自己看起来成熟些，开始蓄起胡子来。新厂投入生产后，《爱丽丝》喜剧影片系列已出品两年了，人们对这部喜剧已开始厌倦，不像之前那样欢迎它了。华特也越来越难

想出好点子把这个漂亮小姑娘融入卡通的背景中，因为爱丽丝严格说起来算不上一个喜剧人物，影片的部分喜剧效果都是由卡通形象朱丽丝猫制造出来的。明茨也来信指责最新一部《爱丽丝神秘的奇事》"只是又一部电影而已，里面没有一点新奇的地方，缺乏真人演出的部分，影片长度也不够"。

1926年底，《爱丽丝》卡通系列喜剧片明显到了该结束的时候了，但又该创造什么新的卡通形象来占领市场呢？华特一时还拿不定主意。环球影片公司创立人卡尔向明茨表示，要买一套以一只兔子为主角的系列卡通影片集。明茨找到华特，华特极感兴趣，并且马上用铅笔绘制了一批兔子草图寄给明茨。

环球影片公司对华特所设计的草图很满意，于是华特获准制作系列影片的第1部。明茨把这个新系列定名为《幸运兔子奥斯华》。1927年4月初，华特和厄比仓促之下设计了主人公身份——生儿育女过多的兔子，并交出了第1集《可怜的爸爸》，但反应糟糕。影片上映后，纽约环球影片交易所评委会很不满意，并指出了下列缺点：

"（1）由于卡通制作得不好，影片开始后约100英尺处的动作跳动不已。（2）动作重复太多。每一场场景拖得太长，以致使卡通人物的动作也慢了下来。（3）片中的奥斯华根本不是一个滑稽角色，缺乏突出的特点。就奥斯华部分来说，没有一点独具的风格。（4）全片只是一连串没有关联的笑话，缺乏一条把片子从头到尾串连起来的主线。"

这个评委会还认为，除了喜剧大明星卓别林外，其他电影喜剧的主人公应该是"整洁漂亮而又活泼矫健的小伙子。"兔子奥斯华的样子应该既年轻又有浪漫味道，但现在这部电影中的奥斯华却又老又邋遢，还太胖。

华特回信中承认自己也不满意奥斯华，但他却极力为厄比的卡通绘制艺术辩护。他强调："我认为在今天没有一个人在绘制卡通这一行中比得过厄比。"他承认兔子奥斯华可以绘制成"一个年轻的角色，精力充沛、活泼敏捷、俊俏慧黠而好冒险，而且体型也是高挑的"，但他又警告说布局不能搞得太复杂，"因为如果那样，等到故事真正开始的时候，也就是该结束的时候，而观众根本没来得及笑"。

在《幸运兔子奥斯华》中华特尝试做完全卡通影片的第1部。他从此获得了一些重要经验，也证实了他以前的一些直觉：卡通片中，不可缺少一位强烈而又吸引人的中心角色。故事主线必须精彩流畅，布局不能太复杂，以免影响单纯化的喜剧效果。

对影片公司评委会的意见，华特吸收了一些，但他也感到，完全或过于听信这些意见，则会阻碍一个人的创造力。为了把兔子奥斯华磨制成一个更逗人发笑的卡通喜剧明星，华特和厄比每天都工作至深夜。华特在把第2部奥斯华影片寄给明茨时说道：

"这部电影还是与我的理想相差太远。我要使奥斯华成为

更有特色、真正受人欢迎的角色。我相信只要你和环球公司耐心一点，再给我一点时间，我们就可以创造出轰动一时的影片集，我们还要对这一集中的兔子再做修改。在第3部影片中，我们去掉了他的吊带，并对他的面部做了一些修改。为了改进以前影片中不平稳的情况，我在摄影机上装了马达，用机器来操作摄影。我相信这样一来，以后的影片就会清楚多了。"

第3部影片交出后，华特还要求明茨"再给我们一次改进机会"。不久以后，兔子奥斯华的形象终于使华特满意了：温和、讨人喜欢、更为滑稽。达到这一步非常不容易，华特在影片制造上严格得近乎苛刻：每次先拍出样片在放映室观看，这一关过了，大家觉得好，才允许成批复制。如果有人觉得不满意，则必须交给绘制员重做。这样高标准高质量的生产，使得兔子奥斯华影片的成本提高了不少，但质量终于提高到相当出色的水平，迪士尼的心血没有白费。

兔子首先赢得了新闻界的好评。《电影日报》报道："认真地告诉大家，这几部电影确实值得放心大胆地去观看。"《电影新闻》认为整部影片充满幽默，并推断说："这套影片集一定会受到各种类型观众的喜爱。"《电影世界》则评论道："华特以一只兔子为主角所进行的创作，使得卡通影片增添了新的趣味。卡通制作得很好，华特使卡通角色做出了人的姿态和表情，更使人喜爱了。这些影片一定会吸引各类家庭去欣赏。"

接着众多观众也喜欢上了这只兔子。最后，兔子奥斯华影片甚至也吸引了一批特殊的观众——纽约市的卡通制作人们。他们是卡通影片业中真正的行家里手，华特在堪萨斯的岁月里曾对他们感到佩服和敬畏。现在华特创制的兔子奥斯华影片集所具有的创新的幽默和流畅的形式使他们纷纷折服，因为以前他们对《爱丽丝》喜剧的评价也较高，他们看到了华特的创作能力。

众多的商家抓住广大观众喜爱兔子奥斯华的心理，要求华特准许他们把这个角色用在商品上。俄勒冈州波特兰市伏根糖果公司生产的巧克力上，首先出现了兔子奥斯华的模样儿，包装纸上还印有"请看环球公司的奥斯华影片集"。接着费城徽章公司生产的一种纽扣，环球装饰玩具公司生产的一套蜡纸、蜡板和铅笔，都印上了奥斯华的形象。华特公司此时对这些画像的使用都没有收费，因为他们觉得商家这样做有利于这套卡通影片的广告宣传。

兔子奥斯华的成功使华特公司的生产速度加快，华特聘请了更多的画家来公司工作，这使公司每两周就能出品一部兔子奥斯华影片。环球公司和明茨都非常满意，一接到新片，就送来2250美元的片酬支票。华特兄弟对前景更加充满信心，哪里料得到接踵而至的，是与兔子奥斯华有关的一次大挫折！

兔子奥斯华影片集的合约于1928年2月结束，华特带妻子莉莲乘火车到纽约旅行，同时也去和明茨及环球影片公司洽谈

新的业务合作项目。在动身之前，厄比告诉华特公司内的情况有些不好。明茨每次派来华特公司送支票、取影片的人，并不单纯地只干这些事，可能还有另外某种不可告人的目的，因为他多次秘密地和华特制片厂的其他卡通绘制员谈话。厄比谈到的这些情况，华特当时并未放在心上。

华特夫妇愉快地抵达纽约，结果这成了一次由明茨方面早已预设好了的"鸿门宴"。明茨夫妇热情地接待了华特夫妇，但华特感到明茨的热情中带有一丝虚假。比如，当席间的一位《电影日报》编辑无意中谈到兔子奥斯华影片集很受欢迎、利润也很好时，华特很高兴，但他发现明茨似乎面有不安之色。

果然，在纽约42街明茨的办公室正式洽谈奥斯华影片集的新合约时，明茨终于使出了杀手锏。商谈一开始，华特就提出，既然兔子奥斯华影片集已经获得这样大的成功，片酬就应由上次合约的每部2250美元提高到2500美元。但明茨不但不同意，反而开出了一个甚至比上次合约的价格低得多的片酬。他说："我只给你每部1800美元。"

华特简直不相信自己的耳朵，每部1800美元的卖价只能使他赔本，他不解地问明茨为什么把价定得这样低，根据什么理由？明茨并不解释原因，只是很强硬地说："要不你就接受我出的价钱，要不我就接管你的制片厂。"接着，明茨顿了顿，看着华特惊愕的表情，最后摊出了自己的王牌："我已经和你制片厂的重要工作人员签订了合约。"

华特顿感晴天霹雳,他被打愣了,不知自己的公司和制片厂究竟叛变到什么程度?难道好哥哥罗伊和好朋友厄比也都弃他而去了不成?华特告诉明茨他需要时间考虑,然后马上赶回旅馆用电话把这个灾难性的消息告诉了罗伊。罗伊迅速调查起来。

结果证实明茨所言不虚:制片厂除了厄比之外,几乎所有的卡通画家都和明茨有了密约。华特震惊之余,一边拖住明茨,一边找人同福斯和米高梅公司的负责人会谈,但这两家大公司都表示没有兴趣发行兔子奥斯华影片集。

明茨也等得不耐烦了。他断言:根据合约,奥斯华影片集是环球公司的财产,而不是华特的。这使华特尤其伤心,他辛勤创造出来的作品和产品却不归自己所有。他对妻子莉莲发誓说:"我永远不会再为别人做事了!"

明茨又顺势推出他的控制计划:以后由他支付华特制片厂每部影片的制作费,提供制片厂人员的薪水,包括华特兄弟的薪水,但他将分享50%的利润。华特根本没有接受的意思。他最后把希望寄托在环球公司能出面干涉这件事情上。希望环球公司此时此际站出来,宣布他们将直接和华特打交道,而就省掉了发行商明茨这一环。

华特3月7日写信给哥哥罗伊,要他打起精神来,只有笑到最后才是真正的笑:

"但愿在你接到这封信以前,你已经收到有好消息的电

报。我无法使事情早点有结果，但是我会尽力去办。即使要耗上一个夏天的时间，我也会坚持原则，奋斗到底。这真是一场要打到底的硬仗。明茨想要控制一切，并想借用他的势力来达到这个目的。但他却不知道，我们还有比他更强的力量。"

但最后的希望也破灭了，环球公司始终和明茨站在一起。华特承认失败了，他最后一次来到明茨的办公室冷静地宣布，他无法接受他提出的所有条件，明茨根据过去的合约可以拥有奥斯华影片集。

华特此时此刻毫无怨恨，表现出超人的克制和风度。最后他忠告比他大的明茨说："你小心一点。我的人员既然会背叛我，他们也会背叛你的！"明茨沉浸在胜利的喜悦中，但华特所言日后终于被事实证实，奥斯华影片集也从明茨手里被夺走。华特和妻子莉莲随即乘车返回加州，这是一条没有欢乐的归途。但他带着浓重的失败感回去以后，立刻就迎来了一个胜利的高潮。

# 第七节　为梦想秘密工作

生活一如童话，或许你所需的只是信念。

——华特·迪士尼

在与明茨等发行人几年的周旋较量中，华特发现，要想让公司立于不败之林他必须有自主权、必须减少制片厂与影院之间的干预环节。同时，他还发现，观众喜爱的动画形象往往是那些具有明显个性特征，并能勇敢地去践行人们敢想而不敢为的事。就在这样的历史背景下，米老鼠诞生了。华特创造的经典卡通明星米老鼠的产生，历来被赋予了种种传奇式的解说。华特本人在不同时期对米老鼠是怎样产生的，也有着不同的说法。他最喜欢说的是，当他带着莉莲从纽约失败而归时，在火车上，他梦见了一只活泼可爱的小老鼠，名字叫马蒂莫老鼠。但莉莲不喜欢这个名字，因此才改名叫米奇老鼠。还有一种版本的说法是，他在堪萨斯孤独地创作卡通影片时，常常有一只小小的老鼠从屋里什么角落跑出来陪他玩，在他的画板四周跳来跳去，给他解闷。这只小老鼠，就是米老鼠的原型。

其实米老鼠真正产生于华特和厄比两人灵感的交流与合

作：华特想出了米老鼠的角色和妙趣横生的个性，并提供了米老鼠的声音，厄比则画出了米老鼠的动作和形象。

### 1. 米老鼠系列秘密诞生

华特回到洛杉矶自己的制片厂后，向哥哥罗伊平平静静地谈了在纽约的情况。最后说："我们要绘制一套新的片集。"但此时华特制片厂的工作场景令人十分尴尬：那些投靠明茨的画家根据合同要到6月才离开，他们还有3部兔子奥斯华影片需要摄制；而华特决定新绘制的影片集根本不能让他们有所知晓，否则将会泄密。于是，华特、罗伊和厄比只好在自己的公司内开展了一场"地下工作"。

新的影片集华特和厄比根据人类历史上刚刚第一次驾单机飞越大西洋的林白上校的故事，构思了一个情节大纲。然后厄比就反锁上自己的房门，开始绘制新影片。如果有人敲门，他就把新绘制的图画藏起来，在桌上放上奥斯华的图画，以免向那帮已经背叛公司的职员泄露了新影片的创意。厄比的绘制速度相当惊人，一天绘制700张，打破了另一位卡通界的高手比尔·诺兰绘制《疯狂猫》时一天600张的纪录，厄比绘制的这部新卡通，名字叫《疯狂的飞机》。

影片的摄制过程不可能在厂里公开进行，华特就把自己的车库改成临时制作工厂，由妻子、嫂子做上色工作。到深夜，华特把绘好的赛璐珞板拿回厂里，由一位忠实的职员拍摄成胶片。这部秘密摄制的卡通片完成后，1928年5月10日在好莱坞日落大道电影院试演。华特照老习惯付给影院的风琴师1美元，请他在影片有笑料的地方奏乐一番，试演虽没引起轰动，但反应良好，华特信心大增，立刻回厂开始摄制第二部《骑快马的高乔人》。

这时华特已不需要进行"地下工作"了，因为那帮背叛自己的家伙已按合同全部离开了。他们走的时候也很有趣，制片厂一位新聘的职员杰克逊后来回忆道："我刚来的头一星期，看到那帮卡通绘制人员一面工作，一面谈笑，但到了星期六时，他们把椅垫子和其他私人物品都带走了，他们真是一群奇怪的家伙。他们尽管彼此说笑打闹，但却互相不信任对方。等到星期一，我发现只有厄比、雷士·克拉克、强尼·康农和三位女上色员以及管理员来上班，我才明白发生了什么事。"

《疯狂的飞机》制作完毕，华特立刻碰到发行这一大难关。和过去的发行人已经断绝了关系，他得找到新的发行人。米高梅公司的老板虽然大加赞扬这部新片，但却根本没有定约发行的意思。当时全美各大电影公司都在纽约设有办事处，华特打算把这部片子卖到纽约去，就委托了纽约一位电影商寻找发行人："我觉得我能创造出好的卡通影片，如果机会存在，我会把这些片子交给一位好的发行人，但是时间很紧迫，如果我们第一步走错了，今年就没有第二次机会了。我要求每部卡通片要预付3000元，并愿意给予一年或两年购买每年26部卡通片的权利，还保证每部卡通片最少500英尺。一部好的片子要想发行顺利，必须依靠宣传，因此我们要大力宣传，以求在最短的时间内，使得《米老鼠》可以和市场上任何卡通影片相媲美。"

但纽约的局面始终未能打开，片子卖不出去，生产资金无法周转，成本逐日增加，华特忧心如焚。但就在此时，有声电影兴起，华特又重燃希望，立刻投入这项电影史上最新最巨大的变革之中。

在此之前，电影处于默片时代，银幕上的人物只有动作没有声音。即使有声音也只是银幕前影院的伴奏师根据剧情的需要来上一两段钢琴或风琴弹奏。1927年10月6日，音乐歌舞片《爵士歌手》在纽约华纳剧院首演，为电影带来了革命性的划时代巨变。但大多数观众和电影业巨子还一时不能接受这个变化，甚至影坛巨星卓别林还公开反对有声电影。

但敏锐的华特感到：卡通影片将不可避免地加上声音。尽管此时他的头两部新片还没找到买主，但他已计划拍第3部新卡通片了：这将是一部全新的影像、动作和声音熔为一炉的影片，华特和厄比参照当时极为成功的一部喜剧，摄制了第3部米老鼠影片《蒸汽船威利号》。但怎样为新影片配音却成了一个大难题。

华特带着新片和乐谱去好莱坞寻找配音机会。有声电影的兴起犹如一场风暴横扫电影界，好莱坞的大公司独占着为数极少的配音设备，像华特这样的独立制片人根本没有机会在这里把无声电影转为有声电影。

他只好满怀信心奔向纽约。纽约更是一片混乱。华特发现有声电影带来的革命太猛烈了，所有的大小制片人都在急着寻找效果良好而又便宜的录音设备。纽约虽然机会要多一些，但好的录音商实在少而又少，有的录音商甚至建议华特把声音录在唱片上，但华特坚持要把声音录在影片胶片上。他参观了很多录音工作室，很失望，他写信给罗伊和厄比谈道："老天，太差劲了，只是一团噪音，我真是失望了。我真希望能看到我所期望的一半好，但老实说，这些只是我的想象。所谓的声音只是一队交响乐队的演奏，再加上一些噪音而已。对话部分更是不值一提，甚至言不对嘴，因此，我们根本不需要担心比不过他们。"

华特在和纽约影坛接触后，更加坚信将来的电影界必定是有声电影的天下。他在信中最后对罗伊和厄比强调了这一点："没有人能够断言有声电影有什么样的发展前途。有音响效果和对话的电影不只是一种新玩意，它如果发展下去，会成为了不起的事物，谁要能够在这方面站住脚，将来必定会赚大钱。但是必须注意质量，而不单是靠数量赚钱。我深信有声电影抬头是大势所趋，我们现在要做的是把质和量两方面都提高上去。"

**2. 录音商帕特里克·帕沃斯**

为人单纯的华特后来碰上了录音商帕特里克·帕沃斯

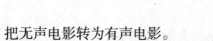

（Patrick Powers），这个爱尔兰大骗子最初给华特留下了很深的印象，简直把华特迷住了。他拥有一组称为"电影声"的独立录音系统，在纽约电影界交往甚广，和一些电影界的巨头称兄道弟。帕沃斯要价1000美元，答应为华特的新片配音，并承诺通过自己的关系帮助发行。至于录音的人员数量，他说只需要五、六件乐器和一两位音响效果人员就可以了。

华特预付了帕沃斯500美元。但到录音时，他被告知说需要17位音乐家，外加3个鼓手和音响人员。华特气得脸色发青。因为他们最初说只需要一个小乐队，这下子成本更加猛增。第一次录音音质很好，但效果令华特不满意：他决定再雇音响人员重新录一次，第一次的录音酬金就付诸东流了。他写信回加州要罗伊筹集第二次录音的费用。"我认为我们的影片会卖出好价钱，只要卖出好价钱我们的公司就可以扩大规模。我们为什么要为一点点钱而前功尽弃呢？我认为财神爷正在敲我们的门呢。因此，尽管把一切东西拿去典押也要把录音的钱准备好。"

罗伊只好在加州拼命找钱来支付第2次录音费用。华特也痛下决心：要罗伊把他最心爱的月亮牌敞篷汽车卖掉。当他和妻子莉莲还在谈恋爱的日子里，二人经常乘这辆车去兜风。

第二次录音时，华特在影片上做了标记，用来表示音乐的节拍，他建议把乐队人员减少，只用了两名音响效果人员。他自己也担任配音：影片中米老鼠的尖叫声、小老鼠的喊叫声以及鹦鹉叫声"有人落水了、有人落水了"，都由华特本人承担。这次录音一举成功，华特松了一大口气。

接着他按照帕沃斯的安排，带着这部新卡通片一家家地送到各大发行人公司去放映。但他受到的往往是冷遇。常常被晾在一边。有的家伙虽然看了影片后被逗得哈哈大笑，但最后也总是说"我们会打电话给你的"或"我们会和帕沃斯联系"。但根本没一家想要。帕沃斯吹牛允诺的关系网，一点儿都没用。

华特这时还没认清这家伙的真面目，但对电影界的情况非常失望。他给妻子莉莲写信谈到这种情绪："这真是个最搅不清楚的行业。要想在这行业中出头露面，没有智谋、没有头脑、没有受过专门严格的训练是不行的。很多人看起来像可爱的天使，但实际都有一肚子诡计，如果没有一点经验很容易上当。我真高兴能有一个人可以请教，否则我真像羊入狼群。我认为帕沃斯很值得人相信，如果我们不急于把片子卖出去的话，就可以卖出好价钱。我们要有耐心和信心。我现在很乐观，你们也不要沮丧，我认为我们的机会就在这里。"

### 3. 演艺界老手哈瑞

华特终于碰到纽约演艺界老手哈瑞，他救了华特一命。华特问他："我们都认为《蒸汽船威利号》一定会轰动，但为什么无人问津？"哈瑞自己在纽约为环球公司经营一家戏院，是一个广告宣传高手，也是一个精明老练的纽约人。他在试演室里看了《蒸汽船威利号》，对此片极为赞赏，认为它肯定会轰

兜售快乐的天使迪士尼

动起来。他答道："没有观众的反应，那些发行商笨蛋根本不知道什么是好片子！"哈瑞建议先让这部片子在他的戏院里放映，但华特担心在百老汇一家戏院放映后，发行商们就更不会买了。哈瑞开导他说："你就是带着你的片子放遍全纽约，那些公司也不会买的。除非他们听到观众有热烈反应，说这部片子好，他们才会买。让我先放映两周，好让新闻界也看到。你一定会得到好评，然后就等着大家一窝蜂拥到你面前购买你的片子吧！我一个星期给你500美元！"

哈瑞如此热忱，豪爽仗义，华特立刻接受了。还从来没有人为只在一家影院放演两周的一部卡通片支付1000美元的巨款。华特当时太需要这1000美元来周转了。1928年11月18日，《蒸汽船威利号》首演成功，轰动至极。观众离开戏院后仍在大街小巷谈论着这部被海报上列为第一部有声卡通的电影。《综艺杂志》评论道："从头到尾声音和动作都配合得天衣无缝，与众不同。"《每周影评》则描述道："观众在观看的全过程中，一直大笑不止，影片中的滑稽动作真是难以描述，我笑得从椅子上跌了下来。"大名鼎鼎的《纽约时报》也注意到华特所摄制的这第一部有声卡通，高度评价华特在创造了"幸运兔子奥斯华"后，现在又创作出了"此后被称作'米老鼠'的角色"，认为"这是一部有创造力的影片，其中有许多使人发笑的地方，片中的哼、哈、尖叫及各式各样的声音，都增添了喜剧色彩"。

# Walt Disney

第四章　迪士尼的人气

——品牌发展史

*Walt Disney*

# 第一节　品牌确立期

> 快乐是一种心态，它取决于你看待事物的方式。
>
> ——华特·迪士尼

21世纪初，《商业周刊》（《Business Week，Inter Brand》，世界最权威的品牌评估机构之一）评出的世界品牌价值100强中，迪士尼品牌价值高达335.53亿美元，在世界品牌排行榜位列第8，是与微软、可口可乐齐名的世界名牌。

迪士尼公司于1923年创立，但其品牌确立却是在1928年推出《蒸汽船威利号》后。虽然已经历了近80年的发展，但是迪士尼这个品牌的核心却一直都是没有变的，那就是：创新——Innovation；品质——Quality；共享——Community；故事——Storytelling；乐观——Optimism；尊重——Decency。

迪士尼公司一直坚持创新的传统，不断努力达到高质量标准进而做到卓越，在迪士尼品牌的所有产品中，高质量都是必须得以保证的。而且，每一件迪士尼产品都会讲一个给人们带来欢乐和启发的故事，创造积极和包容的态度，迪士尼创造的

娱乐可以被各代人共享。

## 1. 发行路上柳暗花明

1927年，当兔子奥斯华在影院热播，华特·迪士尼与发行商明茨续约不成功时，电影正发生着巨大的变化：从默片向有声片过渡。当时第一部有声电影《爵士歌王》刚刚轰动纽约。善于创新、勇于进取的迪士尼，不仅没有因为兔子奥斯华版权被抢难过，反而灵感突发创造出史上最经典的卡通形象——米奇老鼠，并让由米老鼠主演的《蒸汽船威利号》成为第一部有声卡通电影。

1928年11月18日，在纽约的殖民地剧院银幕上，当《蒸汽船威利号》的片头字幕出现时，伴随着音乐，作为蒸汽船引航员的米老鼠开始了他的历险征程。然后喷着黑烟圈的蒸汽船出现了。每一个黑烟圈都伴随着一阵喷烟的响声和桨轮转动的声音，"嘟嘟嘟"的鸣笛声和音乐同时响起。

《蒸汽船威利号》首映大获成功，米老鼠迅速风靡全球，迪士尼品牌在电影业的地位逐渐稳定。在反思与发行商明茨之间发生的事情之后，华特在米老鼠公映不久便注册了米老鼠商标和米老鼠动画的版权。

1998年，在米老鼠版权即将失效时，美国众议院提议制定了一项议案：延长米老鼠的版权保护期。这项新法案规定，在1923年到1963年之间原创性作品的法人，从发行日期起总共拥有95年版权保护期。对于米老鼠的最初版本而言，这意味着它进入公版期的时间被推迟到了2023年。

一直为寻找妥善发行渠道的华特，此时面对的还是一群与明茨没有两样的发行商。他们几乎众口一词，不是说要雇用迪士尼，付给他周薪，就是要求把影片一次性卖给他们。华特坚持说自己有制片厂，要保持独立，他必须拥有自己的卡通影片，于是发行商们又纷纷散去。

为《蒸汽船威利号》提供录音的帕沃斯愿意成为迪士尼制片厂的签约发行商，并信誓旦旦要给迪士尼的制片厂投资，提供录音设备。还说："我同意你的做法，你应该保持独立，我愿意帮助你。我需要推销电影声音，而你的米老鼠也可以帮我推销，我可能帮助你赚到比大公司给你的还要多的钱。我替你把放映卡通片的权利卖到每一个州，并负担推销员和其他一切的费用。我先借给你摄制卡通影片的钱，而我只要1/10的毛利。"

华特·迪士尼带着和帕沃斯的新合约与2500美元巨款回到加州，哥哥罗伊看到合约中帕沃斯不合理的规定，感到非常生气。合约中写到，迪士尼制片厂在使用帕沃斯的"电影声音"装置的10年内，要付给他26000美元。为此，罗伊和华特吵了起来。但是，天真的华特却不以为然，他认为10年内能创作出近百部有声电影，而一部《蒸汽船威利号》就要花掉那么多录音费用，所以承包10年看起来更划算。

帕沃斯的录音设备很快运到迪士尼制片厂，华特扩充了员

工队伍，开始制作更多的卡通动画。

不久，当华特再次去纽约旅行时，他发现，米老鼠已成为纽约的大明星了。他写信给妻子道："斯屈德戏院对米老鼠极为重视，在大厅里放上了米老鼠的大剪纸像。米老鼠已经成为大家熟知的百老汇角色。所有的推销员都认为米老鼠是他们借以寻找主顾的法宝。我很感谢他们的称赞，我希望米老鼠形象会永久保持不衰。"

华特一边为米老鼠的风靡感到自豪，一边意识到，观众如此追捧米奇，必然会要求他一部接一部地拍摄米老鼠的系列短片。而这样以一个主角一直拍下去，必定会让观众厌倦。因为他已经有过爱丽丝和奥斯华兔子"名噪一时"的教训了。所以，他决定在观众还没来得及感到乏味之前就另外拍摄几部风格特异的卡通片。

华特找到厄比说明自己的意图。并与厄比一起策划设计了带恐怖色彩的《骷髅架之舞》。整部片子，没有其他角色参与，仅仅是一群从坟墓中窜出来的骷髅，身姿柔软，表情诡异地表演着令人惊讶的舞蹈。这部电影短片给当时的观众留下非常深刻的印象。有些小时候看过此片的人，现在仍能回忆起当时在影院观看时，观众席传来的阵阵惊叹。

《骷髅架之舞》首映结束后，华特从纽约写信给妻子大加赞赏厄比："《骷髅架之舞》极为轰动。大家都称赞厄比的画技，并拿他的这怪名字开玩笑。厄比的这怪名字也算是一件法宝。人们都想多看它一眼。请代我告诉厄比，纽约的卡通画家都向他致敬，并且都知道我们是何等人物。"

一年后，观众对米老鼠的喜爱达到狂热程度，迪士尼品牌已深入人心。迪士尼公司似乎是观众心目中影响最大、最成功、最富裕的公司。其实不然，由于华特坚持高质量生产，致使每部卡通片的成本高达5000美元。华特感到难以周转，帕沃斯按合同应交付的款项总是拖欠，双方终于闹翻。罗伊大骂帕沃斯是个骗子，说他早就看出来了，华特也非常后悔，专门请了法律顾问，对付帕沃斯。

帕沃斯声称发行米老鼠无利可图。他只推销他的"电影声音"。米老鼠影片的成功只不过是他的电影声音的副产品，他对这种影片并不重视。尽管如此，他还是希望在一年合约期满后再续签合约。华特不反对续签合约，但要求对方先付清旧账。

帕沃斯拒不支付旧账，还打出一张令华特震惊流汗的王牌逼使他续签合约："我已经和你的首席画家厄比签了约，由他为我摄制新卡通片集，我每周付给他300美元。如果你不签约，厄比就是我的了。如果签约，他还是你的！"

无论如何华特·迪士尼都不相信少年时代和他一起在堪萨斯创业的厄比也会背叛他。厄比此时以薪水入股的方式，拥有公司20%的股份。罗伊给华特发了封电报，把厄比辞职的消息告诉了他。1930年初，厄比和另一位画家一起离开了迪士尼制片厂，公司把厄比的股份折合成2920美元给了他。

经过一系列复杂的协商和交易，华特·迪士尼结束了与帕沃斯不愉快的合作。与哥伦比亚电影公司（Columbia Pictures）签订了一份对自己更有利的合约。合约项目不仅包括米老鼠动画片，还包括华特和他的团队新创作的系列动画《糊涂交响曲》（Silly Symphony）。哥伦比亚电影公司以每部卡通7000美元先付款和迪士尼签约，另外还愿意提供2500美元给华特·迪士尼，支持他与帕沃斯对簿公堂。

帕沃斯建议迪士尼付给他10万美元，他就交回迪士尼的21部卡通片的发行权。华特明知帕沃斯这个大骗子还欠他更多的钱，但为了收回影片控制权，只得委曲求全。向哥伦比亚公司借了5万美元，从此结束了和帕沃斯的关系。

和哥伦比亚电影公司签订发行合约后，迪士尼制片厂的资金状况也未见好转。卡通影片的所有收入，哥伦比亚电影公司先抽30%的佣金，再减去冲洗费、保管费、广告费用等，剩下的由两家公司平分。此外还要扣除7000美元的先期付款，到迪士尼手上已所剩无几。特别是他还要偿还当初从哥伦比亚电影公司借的5万美元。所以，在哥伦比亚电影公司为迪士尼发行两年卡通片期间，迪士尼制片厂内所有的账目都是赤字。

长此下去迪士尼将濒临破产，因此华特要求把每部片子的价格提高到1.5万美元，但哥伦比亚电影公司不肯接受。在那时，米老鼠已经相当成功，他的受欢迎程度非常高，即使是广受欢迎的好莱坞明星也无法与之匹敌。有许多发行商想要与迪士尼公司合作。

由于入不敷出，华特·迪士尼只好解除了与哥伦比亚电影公司的合约，找到愿意为每部影片预付款1.5万美元的联艺公司，独家发行迪士尼影片。联艺公司还利用和美国银行的关系帮迪士尼贷款。

和联艺公司合作后，华特有机会与他从小就崇拜的大明星卓别林交往。此时，卓别林也已成为迪士尼影片的热心观众，很喜欢其中的各类角色。卓别林这位影坛高手告诉了华特一条竞争定律："你要想有所发展，一定要有能力控制你的一切。要保持独立，你必须拥有所摄制的每部影片。"华特在与卓别林的交流中获得了许多有益的指导。

### 2. "米老鼠"热

米老鼠迅速风靡并不仅仅因为他的形象和版权保护，更重要的是，在第一部采用同步发声技术的动画片《蒸汽船威利号》中，他初次登上大银幕就一边握着方向盘，一边得意地撅嘴吹起口哨。

《纽约时报》（New York Times）对影片进行了简要评论：

在这家剧院里，由华特·迪士尼——"幸运兔子奥斯卡"的创造者——制作的第一部有声动画上映了。这部新片《蒸汽船威利号》为我们带来了一个全新的动画形象——"米

老鼠"，相信将来它一定会变得家喻户晓。这是一部具有创造力的作品，观影过程乐趣无穷。它的咆哮、抱怨、尖叫声以及发出的各式各样其他声音，都使影片的喜剧效果更加出色。

受版权保护的米老鼠，从一开始就是一个独特的人物、一个具有鲜明个性和与众不同的动画形象。米老鼠广受欢迎，不仅仅因为他是一个形象特殊的有声卡通，而且在系列动画片中，他正直、勇敢，可爱而富有英雄气概。尽管他也有浮躁的时候，甚至有时荒谬，但不管外界环境如何变化，他一直保持着乐观积极向上的心态。

1932年，米老鼠为华特赢得了奥斯卡特别奖，以表彰他在短短几年内取得的非凡成就。奖杯上写着"授予米老鼠的创造者华特·迪士尼"。1935年，国际联盟授予华特最高荣誉，以表彰他把米老鼠和欢乐的思想传播到全世界。

1929年，加州的一家影院在周六下午开办了米老鼠俱乐部的聚会，这种做法在全国的电影院迅速蔓延开来。几年后，在美国各地，有数百万儿童加入了米老鼠俱乐部。儿童们有时在售票处排着长队等待入场。他们在俱乐部参加典礼、唱歌、表演自己的天赋、观看动画、看魔术表演、参加比赛，有时还参加爱国活动。

他们在俱乐部的生活充满乐趣，俱乐部给会员颁发徽章和会员卡。儿童们在一起朗诵米老鼠信条："在家里，在学校，在操场上……无论在哪里，我都是一个公平正直的人。我诚实而高尚，为使自己成为一名更好、更有用的公民而努力。我尊重长辈，帮助老人、无助的人、比我年幼的孩子。总而言之，我是一名优秀的美国人。"庆典和活动把儿童们联系在一起。这些儿童对米老鼠非常忠诚，这为米老鼠商品创造了广阔的市场。

对华特来说，米老鼠已变成了一只"金老鼠"，给他带来了巨大的财富。早在1929年下半年，他在纽约就发现把卡通明星的图像让给别人使用可以得到一笔钱，当时一个小商人到旅馆找到他，递给他300美元，要求华特准许他把米老鼠像印在写字台上。当时华特正缺钱，就答应了。

后来要求使用卡通形象的商家越来越多。罗伊开始正式对外签订这一类转让卡通明星肖像使用权的合约。1930年2月3日，罗伊第一次与纽约博格费尔特有限公司签约，准许该公司"制造及出售有米妮和米奇画像的器物"，包括米奇手杖、手套、木偶、花炮、手帕、烟灰缸、玩具、茶具等产品。

1932年大萧条时期，美国失业人数增加，人们的消费能力大幅减弱。制造玩具电动火车的莱昂内尔公司（Lionel Corporation）因为产品滞销濒临破产。后来他们获权生产米奇和米妮手推车，短短四个月内竟销售25万余套，并带动价格高昂的玩具轨道火车的销售。莱昂内尔公司很快从破产的阴影中走出来，获得新生。

无独有偶，1933年，英格索尔时钟公司是家很有名的公

司，但因经营不善而濒临破产。后因得到授权生产米老鼠手表而获救。两年内250万只手表的销量不但使公司免于破产，还让公司在大萧条时期不断壮大。如今这些手表都已成为非常珍贵的收藏品。米老鼠神奇地拯救了两家公司，媒体对迪士尼公司大加赞扬。授权产品的利润相当丰厚，迪士尼公司的收入越来越多。

一年之内，迪士尼公司从商品版税和其他收益中盈利20多万美元。这种授权产品后来成为好莱坞电影公司的重要盈利手段，现在已经发展成为电影销售链条中必不可少的手法。

与此同时，全国各地的报纸开始以连环画的形式刊登米老鼠的冒险经历。早期的漫画书故事和动画片类似，米奇和米妮的故事情节由华特编写，插图说明由厄比或助理完成。厄比离开后，日报上以米老鼠为主角的漫画交给一位新动画师。并把米奇变成了一名冒险家。

在这些连载的故事里，米奇和他的朋友们游历世界各地，进入神话，穿越时空，寻找宝藏或者同反面人物斗争。在二战期间，漫画中的米老鼠变成一名特工，和纳粹分子斗争。经过多年努力，米老鼠这样一个小角色终于在文艺界站稳了脚跟。

华特后来在采访中更为深刻地谈到米老鼠的性格特征："米奇是一个好先生，一个真正的绅士，他从不害人。他常常身陷困境，不过，他最后总能化险为夷，而且面带笑容。"

华特·迪士尼说米老鼠的个性特征来源于他的偶像卓别林在银幕上创造的那些形象："我们想让一只小小的老鼠，具有卓别林式的想法和个性——虽身为小人物却具有尽力而为的精神。"

但人们觉得米老鼠更像华特本人，是华特表达自己"奋斗和成功的个人传奇故事"的方式。传记作家加布勒说："米奇忙着幻想，结果却被现实所刺伤……他演绎了华特·迪士尼一生主要的经历。"他认为米老鼠是"快乐存在的永恒希望。"就像华特一样，即使现实远不尽如人意，他仍能"经常在脑海里将事情处理得井井有条"。米老鼠和华特都是永恒不变的乐观主义者，并且总是充满自信。尤其当米老鼠在影片中说话时，与华特的关系就更密切了。

自米老鼠发声以来到1947年，米老鼠本音全部由华特完成。他改变了自己的声线，为米老鼠那著名的高音配音。他那局促不安而慌乱的假声，说话发音之前先发出怯懦的"哦、哦、哦"声，其他人难以模仿。更为重要的是，迪士尼身上具有的冒险精神、正直诚实、进取精神，在米老鼠身上得到完美体现。

最早察觉到华特与米老鼠的相似之处的是迪士尼公司的卡通画家。他们在下笔画米老鼠时总想到华特。华特也常常现身说法，用自己的形体、表情和声音表演下一部卡通片中米老鼠应该怎样。华特·迪士尼是位天才演员，卡通画家们都极力抓

住他的每个表情和动作，画到米老鼠身上去。

　　有一次，他们实在难以抓住华特一个很棒的表情，因为速度太快，他们只好动用摄像机拍下来，再画下来，效果居然很好。华特也以米老鼠的代言人自居，尽力使米老鼠在多集影片中前后个性一致。有时笑话撰稿人写出一段话，虽然可以引得观众捧腹大笑，但华特一看，下令删掉，因为那和米老鼠性格不一致。这时他总是说："米奇不会是这样的。"也许这也是米老鼠深受全世界喜爱的重要原因之一：华特终生保持着自己的个性，他的米老鼠也是如此。

　　米老鼠的空前成功，促使迪士尼制片厂扩大了规模，新建了厂房和办公楼。更重要的是纽约许多资深卡通画家加入了迪士尼阵营。此时华特还不满30岁，在卡通行业只干了12年，但全厂工作人员包括那些来自纽约的资深画家都非常尊敬和拥护他。

# 第二节 品牌狂热期

> 我从来没有想到我会成为名人，即使真
> 的成为名人，也不能帮助我制作出更好的电
> 影。虽然它可以让我看足球赛的时候得到一
> 个好位子，但球赛完了以后，许多人都涌过
> 来让我签名，这感觉并不好受！我认为成为
> 名人并没有太大的意义。
>
> ——华特·迪士尼

"米老鼠热"席卷全球，在德国，他叫"迈克尔·茅斯"（Michael Maus）；在法国，他叫"米切尔·苏里斯"（Michel Souris）；在西班牙，他叫"米盖尔·瑞顿西图"（Miguel Ratonocito）；在日本，他叫"米吉·库奇"（Miki Kuchi）；在意大利，他叫"托波利诺"（Topolino）等。

以米老鼠为代表的迪士尼系列产品在全球热销。迪士尼品牌进入了前所未有的品牌狂热期。

与此同时，华特还在率领着他的团队不断创新，追求在卡通世界的更好更卓越的创造。

## 1. 《三只小猪》

1932年，迪士尼公司制作了一部极其完美的作品，名为《花与树》（Flowers and Trees）。这是一部表现两棵树的爱情影片，片中大量使用古典音乐，而且是第一部全彩色的动画片。观众十分喜爱彩色效果和更富有表现力的动画形象。

1933年，迪士尼工作室把人们耳熟能详的童话故事《三只小猪》制作成彩色动画。影片上映几个月，公司便获得了数百万美元的票房收益。动画片插曲《谁害怕大灰狼》（Who's Afraid of the Big Bad Wolf）成为流行金曲，全国传唱，管弦乐队也常常演奏这首歌曲，它极大地鼓舞着当时因经济萧条而心灰意冷的美国人民生活下去的勇气。

《三只小猪》剧情很简单：一只恶狼先吃掉住在草屋和木屋的小猪，当它来到住在砖房的小猪这里时，本想吃掉小猪，却被小猪煮来吃了。华特列出影片提纲，交给工作人员研究、讨论并设计出制作过程。华特认为，每个小猪应各有讨人喜欢的特点。小猪间的交谈以合声或合唱的形式表现，并为他们配上可爱又可笑的声音。

小猪们在各自建造不同样式的房子时，工作人员为他们制作了许多玩耍打闹的场面。他们的动作与音乐节奏配合得相当默契。狼企图进入小猪房子的故事情节，也充满了戏剧性。小猪想法攻击大灰狼时的动作与表情也相当滑稽可爱。他们使用家里所有能拿得起的家具对付大灰狼。制服大灰狼后便欢快地举起自己的乐器欢歌笑语庆祝一番。

热闹又紧张的故事情节的发展，使观众们明白，辛勤工作才能大获全胜。《三只小猪》一经推出，大受欢迎。华特高叫："我们终于使角色表现出个性来了！"三只小猪非常可爱，人们都站在小猪一边，痛恨恶狼。《三只小猪》的发行使整个卡通片事业及华特都向前迈了一大步。影响之大，超出华特的想象。

《三只小猪》获得了空前的成功，全国的影剧院都把它列在节目单前面，长期不换。1932年11月，荣誉的花冠又一次落在华特头上。他因制作了彩色的卡通片《花与树》而荣获美国电影艺术科学院第一次为卡通片颁发的金像奖。同时，他还凭借米老鼠获得了特别奖。从华特1922年开始搞卡通影片以来，只用了短短10年，他的杰出成就得到了美国政府的承认和褒奖。

自米老鼠后，华特·迪士尼很少亲自绘制动画形象，他主要的工作是选择和管理。绘画工作全部交由他培训出来的动画大师们完成。正如他在《纽约时报》里所说："我既不绘画，也不谱写乐曲，对动画片里的大多数笑料和构思也没有贡献。我的工作主要是指导、选择和塑造形象，协调和指挥员工们的工作。"华特发明了故事板的工作方式，甚至将其固定为电影的标准流程，这一方法沿用至今。此时的华特·迪士尼已是著名的导演、制片人。

动画制作日益精细复杂，工作室队伍也在不断壮大。内部艺术培训课让动画师们的工作越来越轻松而精彩。而且华特改变了管理方式，他不像过去那么严厉。员工按时完成工作就可以得到奖金、户外运动等奖赏。公司已然形成井然有序、轻松愉快的工作环境。但是，包括华特在内的大多数员工们已不满足于摄制长约9分钟的动画短片，他们都想有新的突破。加之，当时电影的价格主要取决于影片的长度，动画片越长，收入就越多。

## 2.《白雪公主》

1934年，在哥哥罗伊和妻子莉莲的强烈反对下，华特搞起了长篇卡通。他选择了19世纪格林兄弟（Grimm Brothers）的童话故事《白雪公主》。据说华特在电影院里看的第一部电影就是无声片《白雪公主》，这个故事曾打动了一代又一代人。这应该是华特想要以此为底本制作长篇动画的初衷。他认为将其改编为全彩有声动画会是件很有意义的事。

参与《白雪公主》制作的美术师回忆起一次长达数小时的会议：华特很投入地对剧本中的人物及情节进行了研究和分析。他根据自己设计的提纲向编剧及其他绘制人员表演了每一个场景，扮演了每一个角色，讲解了每个场景的情绪、行动方式以及主题。当他演到王后时，便面露凶相。演到小矮人时，双眼含笑。当演到王子吻醒沉睡的白雪公主时，在场的人们无不热泪盈眶。华特宣告："这就是我们将要摄制的第一部长篇卡通。"

华特为《白雪公主》绘制了生动的故事板。动画师们经常参考这些图片，并设计了新的形象和笑料。

### 3. 角色设计

1934年下半年的一些制作笔记表明当时已经确定了故事的人物和内容。白雪公主是按照一位14岁的女孩模样描绘的，参考原型是1928年获奥斯卡最佳女演员的珍妮·盖诺（Janet Gaynor）；王子则是以一位18岁男孩作模特儿，原型则是参照米老鼠的原型道格拉斯·费尔班克斯。皇后是贵妇与大灰狼的混合体，美丽而邪恶，成熟性感，曲线突出，语言夸张。

7个小矮人最难设计，他们先设计出每个小矮人的特点，并根据特点取了几十个有趣的名字。最终的七个小矮人名字确定为：开心果（Happy）、爱生气（Grumpy）、瞌睡虫（Sleepy）、万事通（Doc）、害羞鬼（Bashful）、迷糊鬼（Dopey）以及喷嚏精（Sneezy）。

他们虽然一样的矮，一样的可爱、可笑，但是，他们每个人都各有各的缺点，各有各的特长。以致白雪公主一看到他们时就猜出各自的名字，让爱生气抱怨半天。

"开心果"是一个乐观的小东西，情感丰富，满嘴快乐的格言。但说这些快乐的话时，又常常快乐得下巴脱臼，这样就使他说话的样子显得笨里笨气的，很好笑。但他也有伤心的时候，当白雪公主因为吃了毒苹果而沉睡不醒时，他也和其他小矮人一样伤心。

"瞌睡虫"毫无心机，经常打瞌睡，老是拍打落在鼻子尖上的苍蝇。如果有令人兴奋的事情发生时，他也会睁开惺忪的双眼。"万事通"是小矮人的领袖和发言人，讲话文绉绉的、似乎很有分量，形象庄严、稳重，但自高自大，总觉得自己比其他小矮人高一点，说话多于行动。

"害羞鬼"非常害羞，特别爱脸红，跟大姑娘似的；"喷嚏精"是一个喷嚏就能引起大灾难的家伙；"爱生气"老是双手交叉抱在胸前，脸上充满愤怒，他脾气极坏，永不停歇地抱怨。但他也有温柔的一面，当他认可白雪公主后，却是最会关心她的，同时他也是最勇敢的小矮人；"迷糊鬼"是一个不会说话但是很可爱的小矮人，听人说话时精神很集中，但又什么都听不懂。

还有森林里的各种小动物在白雪公主的生活里扮演着重要角色，如小鹿、小鸟、乌龟、兔子以及松鼠等。最可爱的是，它们居然在白雪公主将要被皇后毒害时，不顾一切地去撕扯小矮人们，直到"糊涂精"突然清醒：它们要拉小矮人们回家。它们听白雪公主歌唱、做草莓派，与她一起打扫屋子。松鼠用它的大尾巴当扫帚，鹿角做衣架，小鸟们衔来鲜艳漂亮的花朵布置房间……那一幕热闹而有序的劳动场景，真是令人开心而激动。

华特密切关注制作的每一步，所有故事细节、音乐、人物、动作以及图画都经过华特的严格控把关。为达到更逼真的

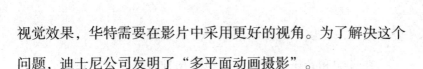

视觉效果，华特需要在影片中采用更好的视角。为了解决这个问题，迪士尼公司发明了"多平面动画摄影"。

由于对片子质量要求过高，《白雪公主》的制作成本远远超出了预算：原计划50万美元，最后却花费了200万美元，超出3倍多。制作难度也超出想象。

在《白雪公主》筹拍过程中，华特和罗伊兄弟俩携妻子去欧洲做了一次休假旅行。在巴黎，华特·迪士尼接受了"国际联盟"为米老鼠系列影片颁发的金质奖章。在欧洲，华特看到处都在放映他的卡通影片。意大利独裁者墨索里尼还接见了华特·迪士尼。最令兄弟俩高兴的是，巴黎一家电影院曾专门放映他的6部卡通影片，而不放映其他影片。由此他深信：观众一定会喜欢卡通长片的。

华特·迪士尼休假结束，回到制片厂，带回许多欧洲儿童书籍，里面有小孩、蜜蜂、昆虫的插图。他告诉工作人员可以把这些可爱的小精灵们融到卡通影片中去。接触过欧洲观众后，他明白了一个道理：要想把卡通销售到世界各地，对话越少越好。

《白雪公主》的制作加快了速度。华特也为这部长篇卡通投入了全部心血，每一个细节他都不放过。他想让片中的人物突破以前的卡通形象，要更像真人，包括他们的动作、表情以及言语和情感，以便观众能接受白雪公主和王子的形象。他专门请来年轻的女舞蹈家玛莉·詹宾，把她走路、转身、跳舞的

姿态拍下来，供卡通画家们从中寻找灵感。

在音响和音乐方面，华特也提出独特的要求。例如，有一次举行野外露营晚会，大家都睡去之后，四周鼾声如雷。他就把这种鼾声录下，加在影片中的小矮人身上了，结果造成了非常逼真的效果。

他从小在父亲那里受到的音乐熏陶虽然有限，但他却清楚地意识到大众喜欢哪种音乐。《白雪公主》的配歌不像当时好莱坞歌舞片的模式，每隔一定时间就唱起来，而是与剧情恰如其分地融合在一起，用音乐很好地表达了白雪公主不同情境时的心情。

用高昂的声调表达她对美好爱情的向往，以平静而安宁的乐声表达她虽然身处逆境但仍然保持着愉快而舒畅的心情；而当她与七个小矮人共进晚餐后更是开了一场盛大的音乐会。他们边歌边舞动人至极。

不仅如此，华特·迪士尼还从观众心理和美学高度上开导创作人员。他认为，皇后化装成女巫去小木屋找白雪公主时，白雪公主应正在非常快乐地忙于某件事。因为当一个人在最快乐的时候，危险突然降临，这样的故事处理往往最能震撼观众。

当白雪公主第一次见到化装成女巫的皇后时，虽然吃了一惊，但天真无邪的她并没有怀疑。只把她当作一位路过的老太太，很恭敬地将其搀扶进屋。但影片中的气氛却使观众为白雪公主大捏一把汗。影片中的动物也跟观众一样很敏感，也感到很危险，它们看到老巫婆都惊恐不安，四处逃窜。顿时浓云密布，安静至极。人们都屏气凝神关注着事态的发展。

影片的结尾更是激动人心：一座矮平台上放着一副玻璃棺材，两名小矮人守护两旁，火把点燃，其余小矮人依次走上矮平台，把鲜花放在棺材上，四周都堆满鲜花。鸟儿们的叫声一片悲哀，大树的阴影透过玻璃罩在死去的白雪公主脸上，面容美丽而黯淡。

这时，王子的歌声和马蹄声由远处传来，鸟儿们和小矮人都转头望去。王子骑着马很快冲向白雪公主的棺材，大家都向后退去，都感到王子对白雪公主的深情。王子唱完歌，歌声不曾唤醒白雪公主，她还是静静躺在那里。王子揭开棺盖，带着一点犹豫吻了吻白雪公主，然后悲伤地把头埋在自己的双手之中，小矮人都低下头，所有的动物都更加伤心了。

突然，白雪公主像是从梦中醒来，并且坐了起来，然后很舒服地伸了伸腰。那时，大家都埋头悲伤，不曾注意到。最后一个小矮人察觉到了，所有的小矮人都发现了，王子也看到了，动物和鸟儿们都看到了，大家欣喜若狂，互相拥抱。王子抱起公主，走向远方，大家跟在后面，音乐也跟在后面，无比欢快。

华特集中了手下最优秀的员工花了200万美元制成了动画长片《白雪公主》。制作成本超出原计划3倍。很多观察家认为这部片子一定会使华特破产，舆论界一时戏称这件事为"华特的蠢事"。即使与迪士尼签约的发行商联艺公司对这部卡通长片也不感兴趣。

但是东方不亮西方亮，华特的好朋友哈瑞是美国最大的电影院"无线电城音乐厅"的经理。他曾付出全美最高的租金来租放《米老鼠》和《糊涂交响乐队》。他每次去好莱坞都一定去华特公司转转。他看过《白雪公主》毛片后，就断定："它一定会成功，我的电影院一定要放映！"华特公司和联艺公司的发行合约在《白雪公主》快完成时到期了。联艺准备与华特续签合约，但坚持要把卡通影片租给电视台放映，华特不答应。另一家名叫瑞科的公司提出较好的条件，华特于是和瑞科公司签了合约，由他们发行《白雪公主》。

1937年12月21日，《白雪公主》在美国洛杉矶哥特圆环剧院首演，大获成功。剧院外停满豪华轿车，好莱坞的大人物都来观看，并且交口称赞。观看过程中，观众们被"糊涂虫"的滑稽动作逗得哈哈大笑，为白雪公主的"死去"而泪流满面，电影放完，全场起立、掌声雷动。200万张画片组合而成的《白雪公主》在80分钟的时间里内征服了无数观众。曾一度被报界讥为"华特蠢事"的东西最后竟获如此成功，舆论界又一时呼为"梦境和奇迹"。

《时代》杂志的语言家惊呼："多疑的好莱坞怀疑童话是否有足够的吸引力，观众是否能耐着性子看完7卷胶片，在影片结束后观众是否仍念念不忘？现在这一切都没有疑问了，华特·迪士尼再次做到了，好莱坞不得不信服。"华特和七个小矮人的小型雕像登上了这期《时代》杂志的封面。

1938年，《白雪公主》不仅在美国电影院上映，而且翻译成10种外文版本在世界上将近50个国家放映。《白雪公主》成了票房冠军，赚取的票房收入高于同时代任何其他影片。当时美国电影票价只是23美分，而绝大部分观众是儿童，只收1毛钱门票钱。但尽管如此，《白雪公主》发行第6个月就帮助华特兄弟还清了自创业以来拖欠的所有债务。第一次发行就净赚800万美元。在1937年，这是一个天文数字。

迪士尼影片插曲《有一天我的王子会出现》（Some Day My Prince Will Come），《吹着口哨去工作》（Whistle While You Work）、《嗨哟》（Heihg-ho），又一次成了流行金曲传遍大街小巷。人们情不自禁纷纷在上班时间内大吹口哨，老板们哭笑不得。

华特空前欣慰，过去岁月中所有的挫折和磨难顿时烟消云散，变得不值一提了，《白雪公主》的成功，更坚定了他的战略方向：短片仍应继续摄制，但长片应成为创作的中心。

《白雪公主》使华特又获得一座奥斯卡金像奖。这次评委会特别铸造了一座带有七个小金像的金像奖给他。写给影片的颁奖词是："它被公认为重大的电影创新，为动画片开拓了新的娱乐领域，数百万人为之着迷。"

伴随着米老鼠和白雪公主及七个小矮人的出现，迪士尼的

授权产品更多了。据报道有147个不同的公司生产了超过2000种不同种类的迪士尼商品。迪士尼的故事书销售了2000万册，玩具和小雕像销售了200万只，饮用杯销售量超过1600万件。

他成为全国名人后，在公共场合总是被人认出来，他不喜欢这样。他曾说："我从来没有想到我会成为名人，即使真的成为名人，也不能帮助我制作出更好的电影。虽然它可以让我看足球赛的时候得到一个好位子，但球赛完了以后，许多人都涌过来让我签名，这感觉并不好受！我认为成为名人并没有太大的意义。"

# 第三节　品牌凝滞期

> 米老鼠发行两年，就已成为美国当代文化的一个重要组成部分。人们可能不知道总统是谁，但没有人不知道米老鼠。
>
> ——《时代周刊》

## 1. 二战爆发，动画滞销

1939年9月，第二次世界大战爆发，卷入战火的国家达40多个。欧洲各国的人们不再有闲暇欣赏卡通影片。德国、意大利、奥地利、波兰和捷克等国也不再购买迪士尼的影片，英国和法国也大幅缩减了购买数量，而迪士尼公司的收入过去有45%来自国外。国内市场也受战争影响。人们忧心忡忡，难再热衷于迪士尼制造的梦幻王国和动物、仙女影片，迪士尼公司的兴旺也随之进入相对沉默的时期。

尽管如此，迪士尼动画制作从未停止。而且著名影片《匹诺曹》（Pinocchio）、《幻想曲》（Fantasia）、《小飞象》（Dumbo）和《小鹿斑比》（Bambi），都是在二战期间制作完成的。

20世纪30年代末期，美国各行业都工潮迭起，好莱坞电影业也不例外。美国劳工部（U.S. Labor Departmet）要求所有公司修改政策，使员工享有"官方职业分类、薪酬均等、定期申诉程序、带薪休假制度、解雇费以及最低就业保障"等权利。工人们刚刚从大萧条的恐慌中惊醒，纷纷起来要求更多的工作保障，开始罢工。好莱坞的电影巨头们对雇员一向是为所欲为，因此愤恨不平的雇员们纷纷成立工会来对抗，迪士尼也未能幸免于难。

此时迪士尼制片厂至少有1000多名员工，而且公司正在新建工作大楼，加上海外市场不景气，这些都使得战时迪士尼公司资金极度紧张。罗伊发现解雇任何一名员工都很困难。员工太多，可做的工作又不够，只得削减工资。

随着公司的扩张，内部员工等级变得越来越明显，矛盾横生，谣言四起，工潮已经开始涌动。1941年2月，华特·迪士尼召集全厂员工开会警告大家："我们正面临着一个真正的危机，这个危机将严重影响我们全体员工。"这是华特对全厂员工所做的一次开诚布公的谈心。

他回顾了自己从事卡通事业20年的风风雨雨：1928年迪士尼兄弟典当掉所有值钱的东西，用来支付员工的工资；1933年，其他制片厂都把雇员工资削减一半，但迪士尼拒绝这样做；在过去7年里，他拿出了50万美元用于职员加薪和分红。

欧战兴起使国外市场消失，公司财务危机重重。对付这种危机，资方一般采取三种办法来解决，一是全体减薪，但此法也许会造成全体反对；二是放弃摄制卡通片，此法必然裁掉一半雇员；三是把大部分股份卖给一家大公司或个人，但迪士尼公司就要被别人操纵了。这三种方法华特都不想采用，他要采取经济措施来减低成本。

此时此刻制片厂的财务负担沉重不堪。迪士尼制片厂每周要支付7万美元的雇员工资，还有员工的其他福利费用，每周的维持周转费高达9万美元。虽然如此，华特·迪士尼还是固执地、近乎盲目地相信卡通影片，他决心要证明给那些持怀疑态度的人看看，卡通影片不仅仅为电影节目填补空白，也不仅仅是一种新奇的玩意儿，它应该有一个更高的地位，它是最奇妙、最具娱乐性的传播事业之一，只是目前还没有达到充分发展的阶段而已。

华特强调："卡通影片前景极好，我要继续干下去，本公司承认员工有权组织以及参加他们所选择的任何劳工组织。不过，法律明文规定员工不得在工作的公司范围之内，占用在公司工作的时间去参加这些活动，以避免妨碍生产。"

但罢工领袖索罗尔是一个强悍的左派人士，善于策划罢工和打官司，他还是成功地组织了300名职员罢工，最后迫使华特·迪士尼不得不坐在会议室里，听工会代表提他们的条件和要求。

华特十分沮丧、难过。这次罢工对迪士尼影响极大，他后来变得更加保守。他历来都试图把自己的制片厂变成雇员们的乐园或家园，但这个愿望破灭了。

当60%没有罢工的人抱怨40%罢工的人时，华特·迪士尼又说："各人都有自己的思想，或许他们认为自己是对的，但无论如何，我们还要继续摄制电影，并想办法与员工和睦相处，使他们意识到我们是同舟共济的，大家共奔前程。"罢工过去后，迪士尼并不记恨那些罢工的人，有些参加者后来还被提升到重要职位。

1941年8月17日，迪士尼一行17人被美国政府作为文化使者派往南美进行睦邻访问，美国银行反对迪士尼南美之行，因为此时他欠美国银行的贷款已达340万美元。但美国政府说服了美国银行，并同意支付7万美元的旅费，还保证对于根据南美之行所摄制的卡通影片，美国政府将每部资助5万美元，共

资助4到5部，在影片发行后，如果有盈利再归还政府。

迪士尼带着自己的艺术家们和妻子莉莲飞抵巴西里约热内卢，受到巴西总统的接见。迪士尼和同事们到处游览，极力捕捉巴西的热带风景特色和民间歌舞特点。3周后，他们到达阿根廷首都布宜诺斯艾利斯后，立即在所住旅馆的后花园建起了一个小型的迪士尼制片厂。在阿根廷和巴西这两个南美大国，人们十分喜爱米老鼠和唐老鸭。迪士尼所到之处，一片欢声。

迪士尼在阿根廷呆了一个月，又乘飞机越过安第斯山到达智利，然后乘船回国。船在哥伦比亚停留之时，迪士尼乘汽船逆一条大河而上游览热带雨林，既惊险又快乐。根据这次经历所获得的灵感和刺激，15年后，在迪士尼乐园中建立起了"热带森林巡航"。

## 2. 美军进驻制片厂

华特回国后，第二次世界大战的战火已经从欧洲燃到美国海岸了，1941年12月7日，迪士尼和全美国都正为日本偷袭珍珠港而深感震惊之际，500名美国陆军进驻到了迪士尼制片厂。

他们搬走厂里的设备，安置起修理军车和高射炮的机器。300万发炮弹堆在车棚里，宪兵们霸占了画家们的宿舍，画家们只好挤在几个办公室里待着。连迪士尼兄弟进出厂门都要被宪兵检查身份证。这些家伙待了8个月才走。

迪士尼制片厂的生产从此开始向战争靠拢，拍摄制作了大量的军工生产训练影片和战争宣传影片，由政府和军方直接订货发行。洛克希德公司是生产战斗机的大公司，该公司才能出众的工程师比尔，协助华特·迪士尼拍摄了《完美铆接的四种方法》这一训练影片。洛克希德公司用此片作教材，训练飞机制造人员。加拿大政府也很欣赏此片，另外还请迪士尼拍摄了4部推销战时储蓄券的短片。迪士尼还为军方拍了一部教新兵如何使用高射炮的影片。

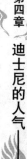

美国海军请迪士尼摄制了一部《航空母舰飞机降落讯号》及关于怎样识别各国飞机的20部短片。还有一部宣传影片叫《粮食为制胜武器》，是为美国农业部拍摄的。财政部也看上了迪士尼。

为鼓励美国人缴爱国税，财政部请迪士尼摄制了一部宣传影片，在全国放映。财政部订了1100个拷贝，全国有6000万人看过此片。后经调查表明，当时缴税的人之中有37%是受此片影响的。

迪士尼制作的《空权制胜》宣传片，影响更为深远。美国军事战略家沙维斯基写了一部《空权制胜》，1941年华特·迪士尼读了这本书，很感兴趣，因为南美之行乘飞机迅速飞越州际和国际，已经使迪士尼成了一个"飞机至上者"。他联系沙维斯基，谈了自己想把《空权制胜》拍成影片的想法。沙维斯基非常高兴，并协助《小鹿斑比》剧组的人马拍摄了此片。此时，美国空军已开始轰炸德国莱茵水坝。

和创造世界名牌的人

一起放飞梦想

Let the dream fly

《空权制胜》在经济上使迪士尼又赔了，但此片在政治上影响极大。有资料证明美国战时总统及英国战时首相丘吉尔都看过此片，他们因此而决定在欧洲登陆战时一定要保证对地面的空中打击力量。

迪士尼制作这些影片也是全力投入。这些宣传教育影片的特点是需要深入浅出地简化复杂的问题，这一点非常不好完成。迪士尼拿出摄制《米老鼠》和《白雪公主》时的热情和技艺，投入这些影片的摄制，取得了很大的成功。

例如在拍《有翼的祸患》这部灭蚊器使用科教片时，他非常认真，不惜动用了卡通明星"7个小矮人"。他对制作人员说："告诉人们怎么除去蚊子是这部片子的基本目的。为了增强趣味性，片中用了'小矮人'，但其本意是为了消灭蚊子、防止疟疾，所以片内提出一些简单易行的办法。先说明除去蚊子所用的器具和程序，再说明消灭蚊子的重要性，这不是闹着玩的。当7个小矮人将要出现，按防蚊程序做时，旁白道：'这个程序是比较简单的，我们可以任意选7个人来做。'然后7个小矮人出现，每个矮人必须按程序认真做示范。不过分地让他们去讨人喜欢，例如'糊涂虫'虽然把油洒出来一点，但是认真细心地做所有事，这体现出程序的简单——'糊涂虫'也可以做。"

迪士尼战时影片经济效益不佳，又欠银行400多万美元。而在二战期间，战争片和音乐歌舞片却可盈利，但美国银行董事长和创始人贾尼尼这时十分关注迪士尼，他常鼓励他鼓起勇气。在银行董事会议论是否继续给迪士尼公司贷款时，贾尼尼问每个董事："你看过迪士尼的电影吗？看过哪几部？"接着他强调，把钱借给迪士尼是要担风险的。但他又要求大家帮助迪士尼。他富有说服力的语言使应邀列席董事会的迪士尼兄弟十分感动：

"我一直比较注意迪士尼的电影，我认为，他们的电影，现在是好电影，以后和将来也会是好电影。现在他们的市场受到了战争的影响，钱被冻结了，我不能汇回美国，但大家不要担心，帮助他们打开市场吧，因为战争改变不了他们的电影，而且这仗也不可能永远打下去的。"

贾尼尼的热情帮助，又使迪士尼渡过了一大难关。这时华特已40岁了，他的性格、性情及待人处世的习惯已经形成，既丰富又充满喜剧意味。他是一个脾气有点令人难以捉摸的好老板，一个好丈夫和好父亲。

在制片厂，他从来不喜欢和人过度亲密，也不愿表白自己。但大家久而久之都掌握了他的一些"迪士尼式"的习惯。

他喜欢他讲话时大家都聚精会神地听着，不喜欢有人反驳他，尤其不能容忍拿他前一次的讲话内容来反驳他这一次讲话的内容。他更不喜欢别人以逻辑常识来反驳他的幻想念头。

一次讨论剧本时，一位来自南美的画家听见迪士尼说"马在弹琴"，就反驳道："马不会弹琴。"迪士尼对这种冷冰冰的逻辑式常识十分反感。但他有时候自己也坚持这种逻辑。一次设计森林里的动物生活场景时，编剧让所有的动物都说话，但迪士尼却突然强调说："长颈鹿不会说话，因为它们没有声带。"结果所有的动物又唱又说，唯独长颈鹿默默无语。

他很少当面夸奖一个人。谁都不能夸口说自己很了解迪士尼，他性情有些不可捉摸，他有时沉默并不是对你不感兴趣，有时对你发脾气也不是不喜欢你。他很佩服一些有创造力的工作人员，他甚至可以容忍他们跟自己激烈辩论。他自己不喝酒，但并不反对工作人员们喝酒。

制片厂自迪士尼兄弟往下，大家都称名不道姓。他从没开除过谁。他不喜欢某个雇员，就把他调去不重要的工作部门，这个人不久就会自动辞职。

但有两位很差劲的编剧，迪士尼一直让他们呆在原位，并未辞退他们，迪士尼说："看了他们写的不对劲的剧本，我就知道我极不欣赏自我表现的人。"因为他坚信卡通影片需要许多有献身精神的人通力合作，但他自己的自我意识却极强。迪士尼认为，公司里最重要的就是"华特·迪士尼"这个名字，有一次他对一位新雇员肯·安得生说："你接受'华特·迪士尼'，那你就是我的人，倘若你要推销'肯·安得生'，那你还是趁早离开。"

华特对离开甚至背叛他的人并不记恨，而是欢迎他们回来重续旧好，早年的好友厄比1930年戏剧性地离开公司后，投奔另一家制片厂制作了一些不错的影片。在30年后的1960年，厄比又回到迪士尼公司，在卡通的新的光学技术方面做出了前所未有的贡献。这一对青年时代的好友和合作伙伴虽然关系不如从前了，但心中还是彼此照应着。

华特喜欢戴帽子，喜欢穿式样颜色醒目的运动装外套，里面穿上灰色或蓝色的棉毛衫。他是一个恋家的人，每天总是在7点至7点半之间回家。他和妻子莉莲感情融洽，妻子性情温和，从不多言。她从不盲目支持华特·迪士尼，还常常担心丈夫的冒险会弄垮公司。最初她反对拍《白雪公主》，因为成本太高，但片子制成以后她又很喜爱。她还喜欢《小鹿斑比》，她最喜欢米老鼠，因为他太像迪士尼了。她最不喜欢唐老鸭。

这时华特已有了两个女儿：6岁的黛安妮和7岁的莎伦。他喜欢父亲这个角色，常抽时间教女儿游泳、骑马，但从不过分溺爱她们，有时还很严厉。

# 第四节　品牌突围期

> 你可以梦想、创作、设计和建造世界上
> 最奇妙的地方。可是，这些梦想都需要人的
> 努力才能成真。
>
> ——华特·迪士尼

第二次世界大战使许多人都发了大财，不必说那些接受军方大量订货的军火制造商以及军用物资制造商，就连好莱坞的其他公司，因为在战时制作发行令人陶醉一时暂且忘掉现实的歌舞娱乐片，也都纷纷大捞了一把。

而迪士尼电影公司呢，在战争中为政府工作了4年，花大把时间拍了些军事教育及战争宣传影片，与普通观众的口味脱节，没把握好市场发展的方向，财务状况越来越糟糕。

罗伊坐在空空荡荡的办公室中感叹：迪士尼制片厂经过战争，犹如冬眠中的熊突然醒来，身上瘦得皮包骨头，一点肥油都没有剩下。但迪士尼带着这头瘦熊很快开始了重建公司的计划，战时流失的卡通画家们纷纷归来，在迪士尼旗下开始战后的生产。

## 1. 艰难复苏

战后的欧洲一片废墟，经济萧条，资金贫乏，政府还下令不让资金外流，所以迪士尼影片在欧洲发行获得的收入很少。此时国内也还没复苏到重新喜欢卡通片的地步，所以国内票房也十分不理想，因此战后一年，迪士尼欠债430万美元。

华特尝试新的路子突破目前这种困境。1946年迪士尼制作发行了许多配有流行音乐的短片，而后合为一部长片《为我谱上乐章》，效果很好，收入渐增，接着他又尝试真人与卡通合演的重头影片《南方之歌》，这是一个胜利性的转折。

华特·迪士尼针对这些转变说道："只有影片项目多重化才可以自救，这使我认识到不能坚持只拍卡通片，而转向真人电影的摄制。"迪士尼说服全厂最优秀的工作人员，摄制了一部有70%真人戏、30%卡通的《南方之歌》，成本为212.5万美元，而利润只有22.6万元。但该片极其成功，在亚特兰大首映时，轰动程度不亚于《乱世佳人》。该片主角获得特别奖，主题歌《南方的美人》获得1964年奥斯卡音乐奖。

迪士尼后来恢复摄制卡通片，经济才开始好转，他和发行公司在美国赚了好几百万美元。1950年以后，迪士尼公司时来运转，到1950年底，只剩下170万美元的银行债务了。这时迪士尼又续拍战前就已开始制作的《爱丽丝梦游仙境》，结果赔了100万美元。

电视事业这时正在兴起。电视公司想要迪士尼制作电视节目，正关注这一新兴大众传播媒体的迪士尼欣然应允，1950年他为国家广播公司制作了一套圣诞特别节目。情节很有趣：迪士尼扮演一个导演，带领两个木偶参观电影制片厂。这个片子的收视率很高，很受欢迎。迪士尼也从中意识到电视传播的巨大能量，为他日后涉足电视业打下了一个基础。

到1950年，迪士尼已是一个有25年资历的卡通影片制作人了，他摄制了以卡通为主的各种类型的影片不计其数。这些影片都运用了他多年来积累的制片原则：充分准备，创造出有趣的角色，交代清楚故事。

他对剧本的判断力极好，他总是先看了剧本之后再去参加第二天的剧本会议。在会议之前，他若把剧本交给编辑，而说句"我看过了"这就意味着这个剧本不能采用。如果剧本上有迪士尼做的修改或批注，这个剧本则被列为是可用的剧本了。他往往要对其提出详细的意见如："这一场不必拍了，让观众去想象""跳几页，从第4页开拍，否则，进展太慢。"

迪士尼凭直觉就可以看出剧本的优劣，他会把那些内容不怎么样的剧本放在一边，但几个月甚至几年以后他或许又把它翻出来修改。但有的剧本如《希亚瓦沙》拖了20年，最终还是没拍成。迪士尼总有独创的能力来"对付"一个好的或不那么好的剧本。

他还和自然科学家合作，拍动物或昆虫世界的奇事。一位叫肯华斯的加州大学洛杉矶分校学生，拍了部10分钟的沙漠短片，历经艰难，但内容极其有趣：一只毒蜘蛛被一只黄蜂叮咬瘫痪，然后黄蜂又在毒蜘蛛身上产卵。新出世的小黄蜂便以毒蜘蛛为食，直到长大高飞。

华特·迪士尼看了后连声称赞："太棒了，太棒了。"他找来这位青年，投资30万美元，派他到沙漠去拍一部以沙漠趣事为题材的影片，结果拍成的《沙漠奇观》收入400万美元，成了迪士尼公司最赚钱的一部影片。

### 2．迪士尼热浪萌动

童心未泯的华特在1947年底给自己买了一架电动火车，并写信给在俄勒冈州的妹妹露丝，表达了他的激动心情（25年来，他每年12月都要给妹妹写一封信）。华特在信中说："我为自己买了一件一生都想要的东西———一套电动火车，作为自己的生日礼物。我终于拥有了我儿时梦寐以求的东西，我真是太高兴了，这套货运火车有汽笛、转辙器、信号灯旗、车站以及其他东西，还有烟从烟囱里冒出来。我把火车架在办公室旁边的一间房子里，有空就去玩玩，真是太棒了！"

其实从许多由他们拍摄的动画中也能很真切地感受到，华特·迪士尼对火车的喜爱情有独钟。在《小飞象》中满载动物的小火车，气喘吁吁，精疲力竭又欢快无比地带着动物们穿山越岭。《米奇与魔豆》中，作为重要杂技演员的魔豆在火车中畅想着现在与未来。

童年时期就令他着迷的火车，使华特一生都在火车这个现

代工业的象征物上铺展着自己的梦想。可以想象，如今拥有一套真实的、可以天天把玩的火车，会让华特如何兴奋，如何陶醉！

这套小型火车的内部设施样样齐全，每一节车厢都经过特别的仿真设计。连车站外的报摊上，也有按比例缩小的1880年的报纸。从小就对火车着迷的华特简直对此近于痴迷。不仅办公室里有这套玩具火车，他甚至在比佛利山和贝禾山之间的住宅区，他的荷奴比山卡洛坞道新家外也建了小型铁轨和火车。华特·迪士尼与全家人签了一项协议书，要求家人不得干扰火车的运行，因为妻子莉莲有点害怕火车。

华特总是希望能将自己的快乐传递给每位观众，传递到世界各地。同时，他也认为，世界上大多数人与他有着类似的喜好与苦恼。所以，他在把玩火车的过程中逐渐形成了一个更加大胆、新奇而冒险的计划。

因为善于观察的迪士尼还发现：从世界各地和全国各地来好莱坞玩的人，总认为这里到处都可以碰见大明星，是个好玩的地方，但他们往往乘兴而来，败兴而归。好莱坞只是一个大工厂，并不好玩。所以，他认为，他可以为游客们做些什么，以满足他们对电影、对好莱坞的好奇与追求。

华特带女儿们去娱乐公园玩的时候，发现公园的设施也极其陈旧，服务人员态度恶劣，到处都是垃圾。

基于种种原因迪士尼想到：我怎么不自己来搞一个娱乐公

园呢？他计划在制片厂对街处一块11亩的四角形空地上建一座新的娱乐公园，命名为"米老鼠公园"。

随着考察的深入，华特对构建迪士尼乐园的计划越来越清晰，也越来越有信心。他认为这是一项绝对可行而且会大有作为、广受欢迎的计划。这将比任何动画都能给人们带来更多的快乐、更多的惊喜。华特认为建设这样一座完美的乐园的人非他莫属，因为他对世界负有创造快乐的责任。

华特把自己的想法跟哥哥罗伊和妻子莉莲说了，他们都认为他疯了。因为这个工程太大了，也不在他的行业范围内，这比《白雪公主》更难掌控。刚刚复苏的世界怎么可能接受这样一个"烧钱的乐园"。如果乐园建成，却是门可罗雀，他们的兜里将一文不剩还会背负起沉重的债务。

但是，华特已经有了成熟而可行的计划。当时，他是这样来构想这个日后发展成全世界最大乐园的公园的："围着公园建造一个大村落，村落中有火车站、凳子、乐队表演室、饮水泉，树木花草公园中都有合适的场地安排，还有供休息的地方，这给带孩子来的母亲、祖母提供了方便。村子两端各为火车站和市政厅。市政厅可作为行政大楼，要像个市政厅的样子。小一点但很逼真的消防队要在市政厅旁边。还有警察局，解决纠纷、找寻失物和走失的小孩等，像普通的警察局一样发挥功能。关着几个人的牢房可供孩子们参观。"

想象力丰富的华特·迪士尼还构想了其他一系列服务设

施，餐饮店、歌剧院、电影院、无线电及电视广播室、玩具店、宠物店、书店、玩具修理店、洋娃娃医院，销售老式糖果的商店、家具店、出售迪士尼公司艺术家作品的书店、音乐商店、儿童衣服商店，热狗及冰淇淋摊子，还有供举行生日宴会的饭店和邮局等。

更有趣的是还有园内马车，会将游客送到"西部村"，村内专卖牛仔用具。还有小马场、骑马场、西部电影放映院、西部事物博物馆等。

迪士尼的娱乐公园计划越来越大，他每到欧洲旅行，必去考察各地动物园，哥哥罗伊又认为弟弟华特·迪士尼疯了，强烈反对这项计划。华特不得不抽出自己的钱来实施计划，他甚至从自己的人寿保险中抽出了10万美元。罗伊认为银行不会借钱给迪士尼搞"乐园"，因欠债还未还清。但制片厂内大多数人都支持华特并纷纷投资，罗伊这才改变了主意。

此时乐园的用地成为难题，由于迪士尼设想的乐园占地很广，市政府不合作，原定制片厂对街的地块已不能使用。但迪士尼对"乐园计划"仍旧十分狂热。他对记者说道："电影交出以后，就再也不能变动了，而乐园这东西是可以永无止境地发展下去的。增建、改变，简直就是个活的事物，这一切太有意义了。"

### 3. 飞跃的迪士尼品牌

一位贷款给迪士尼的银行家也认为迪士尼建乐园的事是个

了不起的计划。但借款到1953年夏末就花光了，迪士尼不得不说服公司的董事会从电视方面来筹款。从以前他为电视公司制作的两次圣诞特别节目广受欢迎的情况看，在电视上放映迪士尼电影可以使更多的人熟悉迪士尼。公司有些董事认为迪士尼公司以前没有搞过娱乐公园，对前途难以把握。

华特·迪士尼在董事会上慷慨陈词："以前我们兴旺发达，那是因为我们敢于冒险尝试新事物。我们公司不能停步不前，必须弄出些新东西来，我要把我的才能精力都投到电视节目中去。搞公园这是了不起的事业，是娱乐的一种新构想，这是全世界绝无仅有的东西，一定会成功的。"迪士尼眼含热泪，终于说服了全体董事。

当罗伊去纽约一家电视公司洽谈合约时，对方要求更详细的可行性计划。于是迪士尼公司赶制出公园的鸟瞰图并正式制订了乐园的构想：

"迪士尼乐园的理想——希望人们在这里找到快乐和知识。这里是父母子女享受天伦之乐的好场所，也是教师施教、学生求知的最佳途径。人们可以在这儿观赏、了解到'自然'和人为的奇迹。年老者可在此怀旧，年轻者可在此展望未来。

迪士尼乐园里的特别设施，以戏剧化方式表现出创立美国的理想和艰苦事实，以激励全世界。迪士尼乐园是以美和奇观为特征的博物馆，它集市场、博览会、游乐场、社区中心为一体。这个世界的成就，喜乐和希望将充分地显示在这里，这些

奇妙的东西都在这儿变为现实。"

另外还有详细描述：以植物园为主的"冒险乐园"里有奇特的鱼、鸟，游客还可乘坐由土人引导的探险船去巡航罗曼史河。"未来乐园"有移动的人行道、工业展览、潜水钟、单轨铁道、供儿童开电动车的"高速公路"、科学玩具商店，以及"前往月球的火箭太空船"。在"小人国乐园"中游客可以乘坐伊利运河驳船，通过世界各大运河，并经过一个小人镇，那儿有九英寸高的小人。

在一个中世纪的古堡里的是"幻想乐园"，有亚瑟王旋转木马、白雪公主乘车游、爱丽丝幻境步行游、小飞侠彼德潘飞行游。"西部乐园"有真正的西部街道、游客可以体验骑马车、快马邮递、骑驴，以及河上船只"带你经过浪漫河镇，汤姆沙衣出生地、旧时美国南方农庄"。还有"假日乐园"，随季节变换而更换项目：夏天的马戏团，冬天的溜冰场。小册子中还讲："1955年，华特·迪士尼将为全世界的各年龄段儿童提供一种新型的娱乐。"

迪士尼公司与三家电视公司接洽，谁愿意投资给"迪士尼乐园"，谁就可以每周播放一小时迪士尼公司的节目。美国广播公司终于答应投资50万美元给迪士尼，并获得乐园30%的股份。在这家大公司担保下，迪士尼还从美国银行借到450万美元。

1954年初，"迪士尼乐园公司"的股份由几方构成：迪士

兜售快乐的天使迪士尼

和创造世界名牌的人一起放飞梦想

Let the dream fly

134

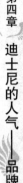

尼机构和美国广播公司各投资50万美元，分别持有34.48%的股份，西方印刷公司投资20万美元，持有13.79%的股份；华特·迪士尼个人投资25万美元，获得17.25%的股份。1954年4月2日，"迪士尼乐园"和制作电视节目的计划宣告完成，电视节目将在1954年10月开播，乐园将在1955年7月开放。

乐园的选址几经周折，最后选在正在建造中的圣安娜高速公路附近一个占地160英亩的橘园。初步投资1100万美元，乐园原有计划也作了修改：动物改为机械制的，放弃了原来的"小人国乐园"构想。华特从制作卡通片中得出经验，在乐园结构上使建筑物的颜色和形状形成丰富的变化，并且各游乐区之间有一定的情节连贯性，让游客自然而然地产生了玩下去的兴趣。1954年9月，即距离开放时间只有9个月的时候，"迪士尼乐园"才破土动工。

在电影界，由于迪士尼率先宣布要制作电视节目，引起同行们的一阵骚动。当时电视这种新的大众传播工具很不受重视，许多大的电影制片家和电影院老板都认为电影与电视合作，最终会毁了电影的生意。他们达成默契，电影院决不放映与电视公司合作的制片厂的电影。而华特·迪士尼特别看好电视机这种新玩意儿，希望电视机前更多的观众接受他的节目，让观众了解自己在干些什么。

1954年10月27日开始，迪士尼在两次节目中宣传迪士尼乐园的进展情况，还放映了《海中作业》短片，报告《海浪海

涛伏海妖》的摄制经过。后来，这个节目获得了电视艾美奖。华特·迪士尼作为节目主持人自己介绍电视节目。虽然没有经验，而且极怕面对镜头，但他还是坚持到底。他尽力避免自己的缺点，克服自己那米老鼠一般因抽烟过多而引起的沙哑声和发音不准的问题。

迪士尼在电视上推出系列片集《拓荒英雄传》，轰动一时。男主角费司·派克一举成名。此片主题曲《擦亮眼睛和十字镐》连续13周高居流行歌曲排行榜榜首。片中主角戴的浣熊皮帽更是风行一时，浣熊皮帽价格上涨，制帽厂不得不连夜赶制。

《拓荒英雄传》制作成本高达70万美元，而电视保证的收入只有30万美元，中间的亏空靠颇多的电视广告收入才得以填平。

1949年华特·迪士尼又成立了迪士尼唱片公司，生意兴旺。迪士尼后来把三部电视片剪辑成一部电影准备播出，多数人认为此片在电影院中播出观众会很少，因为已经有9000万人在电视上看过。但情况恰恰相反，电影播出后，影院爆满，迪士尼赚了250万美元。

电影事业的蒸蒸日上，使迪士尼公司财务状况大大好转，罗伊常去美国银行洛杉矶分行贷款，洛杉矶分行感到担待不起了，只好邀请纽约银行家信托公司共同提供贷款，因为迪士尼乐园的预算已由700万美元增长为1000万美元。罗伊善于理财、办事作风平稳谨慎，与想象力丰富、善于冒险创意的弟弟华特·迪士尼构成了一对终生的黄金搭档。迪士尼从不限制乐园的企划人员和工程人员的预算，他常说："你不能为创造力定出价格。"

在"迪士尼乐园"的建设中，迪士尼和工作人员们一周工作48小时，他严格地关注每一件大事小情，甚至连园区内垃圾箱的配置都不放过。结果垃圾箱与环境十分协调，简直成了一件艺术装饰品。

他对园区内的饭店装潢要求也非常严格，他坚持要配置价值5万美元的吊灯。因为游客坐在这样昂贵漂亮的吊灯下享用价廉味美的食品，一定很愉快。他对工作人员的要求近乎苛刻，不能有半点马虎，只有这样，一座完美的乐园才会诞生。

工作人员建议修一座水塔，以增加水压，迪士尼挥笔就把这个水塔计划枪毙了。他认为粗陋高耸的水塔会把整个园区的优美景致破坏。工人们后来终于想出变通办法把水源从几个地方导来。

工作人员想在园区内修建行政管理大楼的建议也被驳回。华特说："游客们是来这里玩的，不是来看行政大楼的。不建行政大楼，就更能使你们不会整天坐在办公室里，而是到园区各处转悠，看游客们在干些什么，想想怎样使他们玩得更高兴。"

在绿化上迪士尼更是一棵树一棵树地精心选择，使乐园成

兜售快乐的天使迪士尼

一起放飞梦想

为绿园。枫树和桦树栽在美国河流域，西部乐园则种松树、橡树。迪士尼还带人到处寻找有特色的树种，把乐园的环境衬托得更好。

树木栽种上以后，华特·迪士尼乘小火车观看各处景观，发现树木带会挡住坐在火车上的游客的视线，使他们看不到园区内其他景观。迪士尼立刻下令将树木带向后移50米。

在园区营建时，华特有时还经常蹲下来察看娱乐建筑设施，他对工作人员说：“你们应当想到游客中大部分是儿童，应从他们的角度建造乐园。”乐园中大多数东西都是按比例缩小的。

人工河上的船“马克·吐温”号，整体漂亮得像航行在密西西比河上引人注目的大船，按比例缩小后又灵巧纤细得适合乐园中的小河。“马克·吐温”号的栏杆的缩小比例是个大问题，工人们花尽功夫才使它小得恰到好处。

除了“马克·吐温”号船是请外面的人建造的外，园内的其他东西都是由迪士尼制片厂下属各部门自己建造的，乐园建成后，管理也是一个难题，有人提议聘请专门的公司来管理乐园，但迪士尼坚决不同意，坚持自己来管理。他说：“我们为什么要去找别人呢？我们自己不就是很棒的管理员吗？我们可以完全由自己建好，也可以完全由自己来管好。”

乐园快要建成时，发生了一件相当感人的事。一位母亲从美国东部寄来了一封信，说她患了白血球过多症的7岁儿子有两大梦想，其中之一便是想坐坐迪士尼乐园的火车。这位妈妈带着孩子长途跋涉来到了加州，在乐园找到华特。华特对孩子说："听说你想坐我们的火车，太好了，走，我们去！"

华特·迪士尼说完抱起孩子往铁路上走去，这时火车尚未组装。他下令提前安装，起重机从平板卡车上一节一节车厢吊起来放在铁轨上，工人把它们连接起来，火车头开始生火。华特把孩子抱进车厢，火车载着乐园的园主和生病的孩子开始第一次绕乐园行驶。沿途迪士尼担任导游，给孩子解说乐园中已经完成和正在建造的各个部分。

回到公司后，华特·迪士尼取出一张带有金边框子的"淑女与流浪汉"照片，送给了这个孩子。这张照片华特只有两张，第一张已送给了摩纳哥国王雷尼尔和王后葛丽丝·凯丽。迪士尼对孩子妈妈说："我们看过乐园了，他非常喜欢我的火车。"此事过去后，迪士尼特意嘱咐工作人员不可对外张扬。

乐园竣工之日也很有意思。这一天恰恰是华特·迪士尼与莉莲结婚30周年的纪念日。迪士尼夫妇搞了一次愉快的双重纪念晚会，发出请帖，邀请了300人来参加"韶华流水庆祝会"。

华特亲自设计了风趣别致的请柬。"地点：迪士尼乐园，那里有许多空间。时间：1955年7月13日星期三下午6点。事由：因为我们已经结婚30年了。事情：乘坐"马克·吐温"

兜售快乐的天使迪士尼

号沿密西西比河作处女航，然后在"旋转的金马蹄铁饭店"吃晚饭。希望你能光临。我们特别邀请你们来，但请不要带礼物，我们什么都有了，还有一个外孙！——莉莲和华特"

这是一个欢乐的夜晚。客人们黄昏时分到达，他们是迪士尼乐园的第一批游客，坐四轮马车穿过"西部乐园"的大门。到旋转的酒吧间去喝鸡尾酒。华特·迪士尼高高兴兴地陪朋友们在园中转着，他当导游，边走边讲解。

大家上了"马克·吐温"号后，汽笛鸣响，船开始起航。船上挂着老式的灯泡，明亮如同白昼。侍者纷纷给客人端来一杯杯白兰地。客人回到金马蹄铁吃晚饭时，歌舞女郎表演着西部轻松歌舞，一位滑稽演员表演喜剧节目助兴。这位演员放射他的空枪时，华特爬到包厢上以手作枪还击他。

事后迪士尼的女儿描述道："台下的人看出是他，就都鼓起掌来，爸爸听到后，就开始从包厢里往下爬，大家继续鼓掌，有一个地方很难爬，我以为他要摔下来了，但他顺利地爬了下去登上了舞台。"

"他只是站在那里微笑着，大家都大叫着：'讲话呀！讲话呀！'但他并没有发表演讲，大家又高叫：'莉莲！莉莲！我们要莉莲！'母亲拖着我和莎伦一起上了舞台，但爸爸仍是一句话也没说，静静地站在那里，脸上幸福的表情告诉大家他高兴极了。也许是有些人感到我们光站在那里太窘了，于是乐队奏了起来。有人上来邀母亲跳舞，还有人上来邀我和莎伦跳舞，大家都跳起舞来，父亲被挤到旁边去，仍是一句话也不说，冲大家笑，高兴得不得了。"

"大家都担心喝了许多酒的父亲这个样子下去不能开车回去，我问他：'爸爸，我可以开车送你回去吗？'他说：'当然，宝贝。'很顺服的样子，他爬上车后座，把一张乐园的地图卷了起来，当成小喇叭对着我的耳朵说话。我一不注意，忽然觉得后面没了声响，我转过头去看，看到他像小孩子一般，双手握着地图喇叭，已然睡熟了。第二天，早上7点半钟他就一路跳着离开了家，到乐园工作去了，丝毫没有酒后头痛的现象，我想，那天晚上他并没有喝太多的酒。"

1955年7月炎热的一天，是个星期日，迪士尼乐园举行开园大典，四方的人们慕名而来。几小时之内，方圆10英里的街道上都停满了汽车，后来的汽车根本无地方可停。

开幕式第一天的客人都是应邀而至的，他们是制片厂的工作人员、建造乐园的工作人员、新闻界人士、政府要员及许多相关业务的人员。但由于有人造了假票，实际入园的人数大大超过事先预计好的人数。结果33000人涌进来，打破了预先设置好的一切秩序，园内一片混乱。

各种乘坐工具都被压坏了，饭店和冷饮店的食物饮料全被吃光喝光。女士们的高跟鞋把新铺的柏油路踩得千疮百孔，"马克·吐温"号因来客太多太重压得甲板与水面齐平，孩子们去争抢骑乘亚瑟王旋转木马的机会，大人们也帮忙抢，以致

有人大打出手。这天的太阳也很猛烈，整个乐园热烘烘、闹嚷嚷的，大家的心情都变得极其恶劣。

幸好华特·迪士尼当天没有亲自在场看见这种极其糟糕的局面，否则不知会气成什么样。他那天按合同约定到另一个地方制作特别电视节目，根本不知道乐园的情况。第二天从报纸上得知开幕的混乱，他气极了。大部分新闻报道都发泄了人们的不满，有一位专栏作家甚至指责迪士尼乐园故意减少饮用水的供应而强迫大家去买汽水喝。

华特·迪士尼赶紧力挽狂澜，把开幕这天称为"黑色星期日"。他马上召集工作人员解决紧急问题，如增加乘载量引导游客流动，解除乐园附近的交通堵塞、食物供应等问题。

华特没有责怪超量的游客，而是自我检查了游乐园不够完备的地方。为了改善同新闻界的关系，消除舆论的不满，华特·迪士尼又另期邀请报纸、杂志和电讯社的工作人员带眷属来乐园游玩，他亲自作陪。在宴请的晚餐会上，他为开幕那天的混乱道歉。这以后，乐园的情况和舆论的调子都大有好转。

这以后，华特·迪士尼更是以乐园为家，有时工作人员在夜间看见华特穿着睡衣在乐园中走来走去，到处查看。白天，他更是到处观察游客玩乐的情况，随时发现问题，倾听他们的反应。他最强调乐园的清洁问题，因为这是一切公园的老大难问题。

华特·迪士尼决心让乐园做到异常洁净。他说："如果

和创造世界名牌的人

兜售快乐的天使迪士尼

一起放飞梦想

Let the dream fly

你保持清洁，游客就自然会尊重你的劳动，会保持这份清洁；如果你任凭这个地方脏下去，人们自然会把这个地方弄得更脏。"但清洁问题很难解决，华特想方设法。特别规定：乐园中不卖口香糖，花生也只卖花生米，因为无壳可丢。园区内专门配有清洁巡游人员，他们的任务是随时弯腰把地上游客丢的脏东西拾起来处理掉。

### 4. 让快乐开花的乐园

华特·迪士尼呆在自己的乐园中常常乐而忘返。他看见快乐的游客们在自己身边走来走去，心中比他们还高兴。他对罗伊说："快看，你在哪里看见过这么多快乐的人！"

50多天就有100万游客到过迪士尼乐园，比开园时预计的多出50%，收入也比估算的超出30%。渐渐地，"迪士尼"闻名全世界，到美国访问的国家首脑及皇室成员，都要来迪士尼乐园畅快游玩。每当这种时刻，迪士尼总是自豪地当起导游，带他们在乐园中玩乐。

第一位访问迪士尼乐园的外国元首是印尼前总统苏加诺。紧接着，泰国国王和王后，摩洛哥国王穆罕默德五世，尼泊尔国王和王后都曾光顾乐园。迪士尼名气太大了，有时他带着这些贵客游玩时，游人们往往只顾注意他而对贵宾们视而不见。这时华特往往因喧宾夺主而感到窘迫不堪。他往往对游客说："这位贵宾是比利时国王，一位真正的国王。"

前苏联总书记赫鲁晓夫1960年访问美国，与美国副总统尼

和创造世界名牌的人

一起放飞梦想

Let the dream fly

克松举行了著名的厨房辩论后，非常想去慕名已久的迪士尼乐园玩玩。但洛杉矶警察局长因无法保证这位社会主义国家总书记的生命安全，这个计划只得取消。生性坦率的赫鲁晓夫为此事大发脾气，就像一个没有得到生日蛋糕的幼儿园男孩。

迪士尼乐园开始营业以后，华特·迪士尼把它看得甚至比电影事业还重要。有一次，看到制片厂工作任务繁重，华特对秘书说道："我们干脆把制片厂关掉算了，有了迪士尼乐园，我们还要制片厂干什么！"他仍旧常常去乐园观看游客的反应，研究怎样改进乐园可以让游客更加愉快。

华特对迪士尼乐园的每一处设施和每一个游乐场所的要求都几近苛刻。一次，他看到乐园中的"美国之河"上，只有"马克·吐温"号和几条小船来往穿梭，很单调。他马上要求他的团队再增加一条大船。不久，大帆船"哥伦比亚号"便行驶在河上，还有一次，迪士尼看见乐园的公关人员把轿车停在了"西部乐园"的火车站旁边，大为生气。他说："人们来这里游玩是想看看西部过去的情形，你的漂亮轿车却把整个西部的形象都破坏了。"

在管理上他更是一丝不苟，把保持乐园的整体形象放在首位。当听说有位铁路列车长对游客很粗鲁，华特就警告他："游客到这里是为了寻求欢乐，不能给人带来欢乐的人我们不要。"他总是把游客的快乐放在第一位，并经常培训园内的工作人员也抱着如此的心态去面对游客和乐园。这个传统现在已经被带到每一个迪士尼乐园，成为迪士尼公司赢得越来越多游客好评的重要方式之一。

1959年，迪士尼用了600万美元对乐园进行重新修整，架设了高架平轨铁路，开辟了水下潜流航行，还仿建了阿尔卑斯山的马特合思峰。他最不满意乐园附近地带的旅馆饭店招牌林立，破坏了乐园的大环境。他对一个记者抱怨："当时我没有钱，不能买下更大的地方。如果再建一个乐园，我一定会控制好园内园外的风格和环境。"

### 5. 狂热的经典

电影仍是迪士尼机构的主要产品，迪士尼的电影随着迪士尼乐园开业后也兴旺起来。他通过电视传播自己的影片，"迪士尼制作"几乎成了老少皆宜影片的商标。

迪士尼的许多影片的艺术魅力是不受时间限制的。像《白雪公主》等，每隔7年重新发行一次，所得的收入几乎都是纯利润。有些影片如《小飞侠》在初次发行时不成功，第二次发行却大赚200万美元。

迪士尼特别强调电影要拓宽题材，有一次剧本部拒绝采纳一剧本，认为对小孩子不合适。迪士尼生气地批评他们说："我的电影要给全家人看，如只给儿童看，恐怕我会穷得没有裤子穿。"

迪士尼的儿童节目相当成功，1955年9月推出电视影片集《邓波儿》，成了全美收视率最高的节目。10月，迪士尼又推

出新的儿童节目《米老鼠俱乐部》。这个节目是他第一次专门为儿童设计的，他的全部精兵强将都投入到这个节目中了。节目包括新闻片和《米老鼠》《唐老鸭》卡通片。新闻片主要报道其他国家的儿童活动。卡通片根据儿童故事改编制作，由24位极富天才的童星串成"老鼠帮"来演出。

《米老鼠俱乐部》受到观众空前的欢迎。周一到周五的下午5点—6点的播出时间里，全美国有四分之三的观众在家中观看。片中"老鼠帮"所戴的老鼠耳朵帽子一天能卖出24000顶，200种其他物品交给75家厂商制造出售，24名"老鼠帮"成员成了家喻户晓的明星，其中一个童星一个月就收到6000封信。

与迪士尼合作的美国广播公司因为率先搞儿童节目大赚了一笔，光广告费就有1500万美元的收入。迪士尼公司从美国广播公司收到250万—500万美元，这是制作成本的一半，另外一半靠出售物品达到收支平衡。

迪士尼与电视合作的路子走对了。50年代中期，卡通短片已经不赚钱了，迪士尼一年只拍6部。新一代观众如果不是从电视里观看了迪士尼的卡通影片，根本不会知道当年迪士尼创造出来的那些轰动一时的卡通明星，但现在他们又像父辈们当年那样喜爱上了，米老鼠在美国的民间英雄地位又重新得到认同。

迪士尼花5万美元买下小说《父亲离家时》的电影改编

权。助手们认为这个故事结局太悲惨：主人公小男孩把自己心爱的大黄狗枪杀了。但华特·迪士尼分析道："这个悲伤的故事发生在1869年得克萨斯的一处农庄，大黄狗被狼咬伤得了狂犬病，这在当时无法医治，必须把大黄狗枪杀掉，这样才有真实感。当然，孩子们看了是会哭的，但通过这部影片，我们应该让他们了解到生活不都是欢乐的。"影片播出后，赚的钱比之前任何一部电影所赚的钱还要多。

1958年到1959年间，迪士尼集团净赚340万美元。在好莱坞奋斗了30年，迪士尼不仅获得了成功，而且远远地超出了他的预想。他一连摄制的四部电影都轰动一时，两部电视片影响力深远，弥补了赚钱不多的不足。

1961年4月25日，迪士尼兄弟庆祝公司成立以来的一件大事。他们欠美国银行的钱终于还清了。22年来，电影收入的钱第一次不经过美国银行，而是直接交到迪士尼手里。

1964年约翰逊总统在白宫授予华特·迪士尼自由勋章，这是美国平民所能得到的最高荣誉。颂词中说："作为一名艺术家，华特·迪士尼在娱乐方面，已经创造出了一个美国民间的奇迹。"

# Walt Disney

第五章　异彩纷呈的迪士尼

Walt Disney

# 第一节 迪士尼式家庭

> 人们常常会问，这些有关动物的故事是从哪里找来的……我的答案是大自然本身编写了这些故事。大自然的奇迹无穷无尽，有时我们可以从动物身上找到自己的影子，这也是我们觉得动物有趣的原因。
>
> ——华特·迪士尼

2009年10月1日，华特·迪士尼家族博物馆（The Walt Disney Family Museum）在美国旧金山开幕。华特的传奇经历和奋斗故事与公众见面。

这里不仅陈列了华特一生所获得的奖章、奖座、奖杯和华特的各类奋斗历史的见证，还有华特与家人的生活记录。

华特不仅是一位成功的动画大师、导演和管理者，他还是一位出色的丈夫和父亲。他诙谐幽默的个性，对家庭充满责任的言行，为妻子和女儿们营造了快乐而和谐的生活氛围，成为成功者争相效仿的榜样。

和创造世界名牌的人

一起放飞梦想

Let the dream fly

### 1．浪漫和谐的爱情

华特得知初恋女友在他出国期间结婚的消息后，一度对女孩子不再信任，并告诉自己不再交女朋友。当华特与哥哥罗伊建立的公司步入正轨，工作稍有闲暇时，他发现自己喜欢上了厂里一位漂亮小姐莉莲·邦兹。

华特经常会在晚上下班后送几位厂里女工回家，总是先送稍远点的,然后返回来单独送莉莲。其实这件事也让莉莲的心里非常高兴，因为她也喜欢华特。可是，由于初恋女友在华特内心留下了阴影，所以华特从未向莉莲表白。直到1925年哥哥罗伊结婚后，只剩下单身的华特时，他觉得自己不能独自生活。终于，在某个醉人的晚上他走进描绘车间，第一次吻了莉莲。

据莉莲回忆说，她进迪士尼制片厂后有人告诉她，切莫嫁给迪士尼兄弟中的任何一个，因为他们决心要当光棍。但莉莲却发现华特是一个极富诱惑力和个性的青年。他总是留着小胡须，想使自己显得成熟一些。平时也总是胡乱地穿几件破旧而不合身的衣服，与他的身份极不相称。但是她知道华特就是她倾慕的对象。

他们第一次约会是去看百老汇音乐剧《No，No，Nanette》。华特还经常载着莉莲到附近山上兜风。有一次出游，华特开玩笑地问莉莲："我送你一部新车好呢，还是送一枚戒指好呢？"婚后他还开玩笑地说，你当初怎么没选汽车呢！

华特请设计师为自己挑选了最帅气的衣服和领带，并买了新皮鞋，准备好见面礼。然后在阳光明媚的周末去见了莉莲的父母和姐妹们。华特精致的衣着，得体的举止和风趣的言谈很快就赢得了莉莲家人的喜欢。

此后，华特经常到女友莉莲家做客。他还带去了照相机和摄影机为女友家人拍照、摄影，甚至还变魔术，引得莉莲的姐妹们越来越喜欢他。没多久莉莲就很高兴地答应了华特的求婚，并于1925年7月15日在爱达荷州结婚。莉莲的堂兄清楚地记得，婚礼上华特与莉莲喜笑颜开的情景。

华特与莉莲的新婚之夜是在刘易斯顿开往西雅图的火车上度过的。令人遗憾的是，华特帮乘务员为旅客擦了一夜皮鞋，而没有陪着新娘。据说，华特那天胃难受，他解释说擦鞋可以转移注意力而忘掉疼痛。因此，他得到了妻子莉莲的谅解。

在西雅图附近的山林间，华特得到了彻底放松。这是他离开堪萨斯后最轻松的一次游玩。在旅行途中华特还获得了许多创作灵感，比如，蜜月旅行刚回来他便把公司更名为"华特·迪士尼公司"，去掉了"兄弟"二字。因为在旅行中他琢磨着"华特·迪士尼公司"比"华特·迪士尼兄弟公司"更具感染力。

婚后莉莲辞去了在公司的秘书工作，做起专职太太。莉莲说，像华特这样忘我工作又充满奇思妙想的人必须有人专职照顾。正如自己所说，莉莲一生都在华特的工作和生活中扮演着

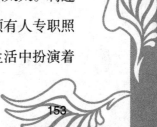

重要角色，包括迪士尼公司的代表形象米老鼠的诞生与莉莲的建议也是密不可分的。

华特常想尽办法把梦想变成现实，所以在他有生之年大部分的时间都是在工作。尤其婚后前几年，华特在家的吃饭次数屈指可数。虽然经常遭到莉莲的抱怨，但这都是出于对他忘我工作的忧虑，担心他因此搞垮自己的身体。

他们的感情一直很好。据大女儿黛安妮回忆："不论什么时候爸爸拥抱妈妈，妈妈都是非常高兴的。他们在一起常常甜甜蜜蜜，让我们都好羡慕。母亲爱整洁又非常理性，家里所有事务她都打理得井井有条，父亲从来不用为家担忧。他可以一心一意地工作，并且父亲的许多奇妙的想法能得到母亲的赞同和支持。只是，有时母亲也会担心父亲太冒险而失败。母亲很喜欢米老鼠和白雪公主，她认为这是父亲送给她最珍贵的礼物。"

华特身故后，莉莲捐出 5 千万美金建造了一座以华特·迪士尼为名的音乐厅以纪念他们和谐美满的一生。她要求音乐厅具有最佳的音响效果，以及一个别致的花园。

这座坐落在美国加州洛杉矶的华特·迪士尼音乐厅（Walt Disney Concert Hall），由普利兹克建筑奖得主兰克·盖瑞设计，其独特的外观和强大的表演功能已成为洛杉矶市的重要地标。

### 2. 如同龄人般的父女关系

华特·迪士尼仅有两个女儿，大女儿黛安妮·玛丽·迪士尼（Diane Miller Disney）是在他们婚后八年才盼来的，而二女儿莎伦·梅·迪士尼（Sharon Mae Disney）是华特夫妇在1937年1月领养的。

莉莲出生于一个拓荒者家庭，家中孩子很多，她亲眼目睹了母亲的艰辛和为难。所以她不想早生孩子也不想要太多个孩子。而华特却特别喜欢孩子，因此结婚6年后，他们才开始计划生育自己的宝宝。但莉莲连续两次流产让夫妻俩非常担心。直到1933年初夏，莉莲告诉他她已经怀孕了，这使华特惊喜若狂，他决心为她拍一部片子作为纪念，这就是闻名世界的《三只小猪》。1933年12月18日，他们有了一个女儿。在圣诞节那天，华特给莉莲看了《三只小猪》。

华特的父亲伊利亚斯是位比较传统的家长和虔诚的基督徒，从一开始就对自己的儿女非常严格，甚至有些苛刻。华特成年以前没少接受父亲的严厉惩罚，也见识过父亲的暴躁脾气。所以华特决心不做父亲那样的家长，要与子女和平相处，愉快生活，绝不使用暴力。

华特一生中只打过女儿一个巴掌，而这让他感到非常惭愧，因为他违反了自己的原则，更害怕自己某方面跟父亲一样。这之后动手的事再也没发生过，相反华特很享受与两个女儿在一起的时间，女儿们也是一样开心快乐地与华特共度美好的家庭时光。不论有多忙，华特每周都会抽一下午时间与女儿们嬉戏。他跟女儿们一起游泳打水仗，一起骑马、赛跑，还与

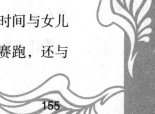

她们一起扮演不同的动物、表演真人动画。为了能让孩子们健康快乐地成长，华特从不吝惜自己的时间和精力。

在华特·迪士尼家族博物馆开幕式上，华特的大女儿黛安妮表示："'迪士尼'这个名字会令人想起许多以我父亲名字冠名的公司，而不是我父亲本人。我的父亲是一个充满好奇的人，他喜欢尝试、探索和使他人快乐。我们期待大家分享这位充满人格魅力的先生的真实、亲切的一生。

# 第二节　迪士尼式产品

> 使孩子们不惹麻烦的方法就是保持他们对事物的兴趣。说教对孩子的过失没有任何作用，讲道理也不会使他们不出问题。但保持他们的头脑充实就行。
>
> ——华特·迪士尼

不论是迪士尼卡通动画，还是真人电影，或者电视节目、文具、俱乐部，甚至迪士尼乐园、迪士尼世界成功的秘诀就在于，它所生产的产品能做到让全家人共同欣赏或玩耍，它们能让不同年龄、性别、种族或不同宗教的人获得快乐。这是迪士尼式产品所独有的个性。

1964年约翰逊总统在白宫授予华特自由勋章，这是美国平民所能得到的最高荣誉。颂词中说："作为一名艺术家，华特·迪士尼在娱乐方面，已经创造出了一个美国民间的奇迹。"这枚勋章让华特感到非常自豪。

迪士尼乐园开始筹建后，公司的动画和电影制作工作已基本交由设计师、绘画师以及摄影师们来完成，华特则研究公司在更多领域的开拓和发展。

在公司会议室墙上挂着一张迪士尼乐园的鸟瞰图。旁边有一张表格，标明《综艺》杂志列出的电影史上最赚钱的电影。华特发现，60年代初前50部最赚钱的影片中就有7部是迪士尼公司出品的。自从迪士尼工作室开始摄制可供全家共赏的电影以来，每年总有1-2部被加入到这50名之列。

他曾对一名记者说过："我把这张表格挂在这里，是想研究哪些片子最赚钱。我发现大部分赚钱的影片并不性感，但能做到让全家共赏。"迪士尼影片、包括迪士尼乐园成功的关键就在于他们创造的产品能给全家带去欢乐和笑声。

1964年，迪士尼公司摄制了影片《欢乐满人间》。此片1964年在好莱坞中国戏院首演时，得到观众热烈称赞。这是他最成功的一部影片，第一次发行就赚了4400万美元。它荣获奥斯卡金像奖13项提名，女主角朱莉·安德鲁斯获最佳女主角提名。

和创造世界名牌的人

一起放飞梦想

Let the dream fly

# 第三节　迪士尼卡通明星

　　所有的卡通人物和神话必须夸张、讽刺：这正是想象和神话的本质。

　　　　　　　　　　——华特·迪士尼

　　华特对人类的最大贡献是创造了无数令人向往或着迷的动画角色。它们陪伴儿童成长，塑造了孩子们勇敢自信、热爱和平的行为特征，刺激了大人们对是非善恶爱憎分明的处世态度。这些优秀品质通过一个个可亲可爱的卡通形象们传递到你我心间。

　　米老鼠（Mickey Mouse）这一形象考验着"好人难觅"的说法。米奇乐观豁达，拥有男孩子的热心天性，这使他成为一个真正的赢家。他有孩子般的友好真诚、健康的价值观和敢想敢为的精神，这更是让米奇人见人爱。他不装腔作势，谦逊朴素，虽然声名远播，有很多辉煌的成就，在大家心目中建立了一个优秀的形象，但他却谦恭地做着一个普通人。米奇积极向上，诚实正直，敢想敢为的良好品质让他成为我们都想拥有的好朋友，也成为我们效仿的好榜样。

158

米妮（Minnie Mouse）是一个典型的邻家女孩，有着善良、关心他人、热心助人等的女性美。她言谈高贵大方，举止优雅动人，具有少女的迷人魅力；她为人坦率天真，保留着乡村女孩的那份单纯朴实；她对人礼貌得体，尽管腼腆，却保留了她那份独立和自尊。

喜欢快乐的米妮尽情地享受着美好的生活。作为一个能力很强的演员，她热爱音乐，拥有甜美的歌声，常常一个人哼哼唱唱。她甜蜜端庄但不幼稚，她聪明伶俐，有自己的想法，让人觉得安全，这些也使得她的搭档米奇光芒四射，而她只在一旁安然优雅地分享着他的荣耀。

唐老鸭（Donald Duck）总以渴望的心情开始他满怀抱负的一天，盼望着一切都按照他的计划和意图进行，可是这个世界好像并不想跟他合作。总的来说，唐老鸭为人友好，性格乐观，是个乐天派，但当事情进行得不顺心时，他常常大发脾气。他有无穷的决心，坚毅的他近乎是固执。唐老鸭很在乎和关心他的家人和朋友，有福同享，有难同当，办事还算让人信得过。他的弱点也是我们的弱点。他是一个可爱的底层小人物，虽总是失败却坚持不懈。

黛丝（Daisy Duck）时髦而世故，像摩登妇女一样兴趣广泛。她有着坚强的毅力和极强的个性，自信而独立，这是她跟米妮的一大相同点。黛丝在优越的环境中长大，对生活中美好的事物充满激情。她打扮优雅，知道自己很漂亮，喜欢被美好

东西簇拥的感觉。黛丝就像是一个意志坚强的美国南方小美女，知道自己想要什么，更知道怎么去得到它，所以她更是一个聪明的贵族美女。

高飞（Goofy）是一个天性善良，心地纯洁，笑口常开的朋友。他总是兴高采烈的，容易相处。可爱又带点愚昧的高飞用朴实的魅力赢得了大家的钟爱，虽然有时会犯点小错误，但过失总被他乐观、热情、积极和让人惊讶的好运气所弥补。高飞对朋友们始终忠心耿耿，是一个真正的绅士，也是一个运动健将，很受女孩子们的欢迎。他总是兴致高昂，不乏幽默感，让人觉得他灵感不断。无论遇上什么麻烦，他总能笑对人生。

布鲁托（Pluto）是一只可爱忠心的狗。它友善忠诚，思想简单并充满好奇心。长大成熟的布鲁托依然像小孩子一样爱玩闹，一样"童心未泯"。它是米奇最重要、最忠诚的玩伴，随时听从米奇的召唤，热心地想取悦米奇。布鲁托喜欢在圆满完成任务后获得奖赏，渴望得到大家的承认和友爱，同时它自己也很有爱心。心地善良的它是一个好孩子，一个信得过的真心朋友。

此外，还有惹人疼爱的迪士尼公主们：

爱冒险，有着世界上最美的歌喉的美人鱼爱丽儿公主（Ariel）。作为一条可爱的小美人鱼，爱丽儿向往的却是人鱼法律禁止她们接触的人类世界。她聪明美丽，非常勇敢，爱冒险，我们几乎可以用"探险家"来形容她。

爱丽儿公主是大海之王川顿国王最心爱的女儿，因为她有着世界上最美妙的歌喉。她最好的朋友是小比目鱼小胖和音乐大臣赛巴斯丁。她乐于收集一切人类世界的东西，虽然她不知道怎么用。在又一次的探险中，她救起了溺水的亚力克王子，并对他一见钟情。而她的一腔热情也让恶毒的海底女巫乌苏拉有机可乘，可是父亲的智慧保护了她，终于愿望成真。

有纯正的皇室血统，纯洁而美丽的白雪公主（Snow White）。白雪公主是一个年轻美丽的小公主，她美丽优雅年轻，说话温柔，为人和善，对身边朋友充满爱意。她是一位真正的公主。

她的美丽被恶毒的继母忌妒，她逃离王宫，在森林和七个小矮人成为朋友。由于她的单纯，不幸被继母的毒苹果毒害。可是也正是因为她的单纯可爱，赢得了朋友，赢得了森林里小动物们的友谊。最重要的是，她赢得了属于自己的白马王子的爱情，王子的一吻让她从此过上了幸福快乐的生活。

知性美丽，聪明优雅的贝儿公主（Belle）。贝儿她天生丽质，纯真自然，还是一位聪颖殷切的好学者。对遥远的城堡和激动人心的冒险有着一份渴望。她最喜欢的娱乐活动是读书。虽然身边不乏追求者，可是贝儿仍然觉得自己在期待着真命天子的到来。

当野兽俘虏了贝儿的父亲以后，她甘愿用自己的自由来换取父亲的性命；贝儿用自己的善良和聪明发现了野兽身上的许

多闪光点，最后发现自己竟然爱上了他。凭着内心的坚韧和美丽的外貌，就在她吻下野兽的瞬间，奇迹发生了，野兽变成了英俊的王子，两人翩翩起舞，实现她完美的梦想。

温柔婉约，机智幽默，善良美丽的灰姑娘（Cinderella）。灰姑娘是一位美丽聪明的姑娘，她能从动物朋友那里找到快乐，能够边工作边歌唱，她拥有着真正的高贵品格。

灰姑娘的头脑敏捷，但是这点，她很聪明地藏了起来，不让残暴和自私的继母和两个姐姐发现。虽然在家里继母只把她当佣人使唤，但是灰姑娘对自己的梦想她却从未放弃。机会终于到来，在仙女的帮助下灰姑娘穿着水晶鞋，乘坐着豪华马车，来到了王子的身边，凭着自己的高贵品格让王子对她一见钟情。

爱幻想、美丽、单纯的睡美人爱洛公主（Aurora）：爱洛公主出生的时候受到了黑女巫邪恶的诅咒，诅咒她十六岁生日那天会被纺针刺死。还好她的神仙教母为她扭转了危机，承诺她不会死去，只是沉睡，只要得到王子真心的吻，就可以重生。

公主16岁时果然变成了睡美人，黑女巫为了防止咒语被解除，绑架了公主的爱人——菲力王子。公主的神仙教母救出了王子，并且赐予他神剑魔盾，打败了黑女巫。王子的一吻，让爱洛公主苏醒过来，从此过上了幸福甜蜜的生活。

美丽聪明，独立勇敢，好奇心强的茉莉公主（Jasmine）。

茉莉公主是苏丹王的女儿，她聪明、有主见，或许有些反叛，勇敢却有点孤独。她万分不愿意依照法律的规定在即将到来的生日前结婚，她需要一个和她一样聪明勇敢的人。

在拒绝了一个又一个求婚者以后，她遇到了街头流浪汉阿拉丁，并深深地喜欢上了他。有趣的是，阿拉丁为了追求茉莉公主，假扮成一个王子，而最后他终于展现本色，茉莉公主也终于找到了自己深爱的那个人。

迪士尼动画世界的卡通明星大多给人以强大的力量，冲破黑暗，与恶势力坚决斗争。在卡通明星们机智勇敢的斗争中，他们不仅显示出合作的力量，更昭示了真情尤其是爱情的珍贵与神奇。它像雨露，让生命焕发光彩；它像阳光，让黑暗永不再来；它像大海，融化一切美丽与邪恶；它像清风，向世间传递纯真与快乐。所以迪士尼卡通历久弥新，永远是孩子们和富有童心的人们心中最珍贵的宠物。

# 第四节 迪士尼乐园

> 神话中的动物不是真正的动物。它们是穿着鸟兽装束的人类。从一开始，就像洞穴图所雄辩宣示的那样，人类已通过动物叙述了许多他们的经历、结论和见解。它们常常整个身体都进入到表演中。
>
> ——华特·迪士尼

1955年，迪士尼把动画片所运用的色彩、刺激、魔幻等表现手法与游乐园的功能相结合，推出了世界上第一个现代意义上的主题公园———洛杉矶迪士尼乐园。"迪士尼乐园"终于落成了，它被人们看作是当代世界上的一大奇迹。仅在开放的头六个月里，就有300万人纷至沓来，在来访的人中有11位国王、王后，24位州政府的首脑和27位王子、公主。在10年里，"迪士尼乐园"的收入高达1.95亿美元之多。

迪士尼乐园越办越成功，许多人想在这一项目上获得投资机会，于是纷纷劝说华特·迪士尼另建一个乐园。华特虽然表面说只有一个乐园，但他在内心已经开始构想在其他地区建立乐园。有一次，他与哥哥罗伊聊天时说："迪士尼乐园只辐射了美国的四分之一，密西西比河东部还有很多区域有待于我们去表演给人们看。"

这以后，迪士尼不仅想扩建迪士尼乐园，他想自己可以建一座比乐园更好的东西，他的计划无比宏大，他想建一座城市。在这个全新的城市里，人类的居住环境清洁美观，大人孩子都很幸福。他亲自看到洛杉矶怎样以一个曾经是阳光普照的小镇，变成了一座烟雾弥漫灰蒙蒙的现代化城市，他讨厌这种城市。

1958年，他开始在美国东部寻找合适的地方，结果选中终年阳光灿烂的佛罗里达州。迪士尼派去佛罗里达州买土地的人，为避免土地商哄抬地价，都用化名。但由于需要的地块太大，还是引起了精明的土地商的怀疑。买地的员工查看了土地后，星期天返回旅馆，一看报纸，大标题赫然醒目："买地者正是迪士尼"。消息泄漏后，地价从183美元一英亩猛涨到1000美元一英亩，令人咋舌。

在佛州州长主持的新闻发布会上，迪士尼第一次公开地描述了他理想中的"未来城市"："我要建立一个模型社区，一座未来城市，我相信人还是要活得像个人一样。我仍有许多事情要做。我并不反对汽车，但我认为现在城市里汽车太多。我认为可以提出一种设想，汽车也存在，但人们可以自由地、安心地走路，我一直希望能在这样的环境里工作。而且，我的构

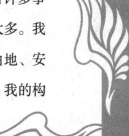

想也要用在学校、社区设施、社区娱乐和生活上，我要建立一个未来的学校，这可能成为一项教学的初步计划。我要到全国各地去，到全世界去。今天的最大问题是教学这个问题。"加州艺术学院应运而生，名扬中外。

# 第五节　迪士尼式员工培训

当人们嘲笑米奇时，是因为他非常有人的特性，这就是他受欢迎的秘密所在。

——华特·迪士尼

迪士尼公司的员工培训已成为促使当代企业成功的秘诀。华特不仅在员工培训中提高了公司工作人员的工作效率，而且铸就了独特的企业文化，凝聚力量，集众人之长为动画所用。所以迪士尼公司能接连不断地创造出一个又一个娱乐奇迹。现在影响最为广泛的仍是迪士尼乐园的员工培训课程。

迪士尼乐园的员工培训课程包括关于迪士尼文化、历史、现状、迪士尼服务水准、待客之道、各项制度等内容的基础课，还有各种语言培训、个人职业规划培训以及标准体验经济营销方式等。

迪士尼大学会排出专门的课程培训员工的观察能力。它要求迪士尼员工能观察每一位顾客，以便根据不同顾客对欢乐的不同感受，主动提供相应的服务。

当课程结束时，老师会对员工说，"你们即将走上舞台，记住神奇的迪士尼，创造并分享神奇的一刻。每天的迪士尼都不同一般，不一样的天气，不一样的观众，但迪士尼的服务及演艺水准始终是一样的。"在迪士尼上岗被称为"在舞台上"，员工被称为"演艺人员"。在迪士尼没有顾客，只有客人。

从培训那一天起，迪士尼就不仅仅局限于将员工培养成一名合格的员工，而是要把员工培养成一名真正的职业经理人。比如，在员工工作一段时间后，会被安排一段"Project Time"（项目时间）。员工在这段时间不必正常上班，但需完成公司交给的某个主题任务，如：怎样提高客户服务、改进工作流程、开创新项目等。

迪士尼的服务质量随着世界经济水平的提高和文化交流的繁荣而与时俱进。每个走进迪士尼世界的人都有被关注、被理解、迅速融入其中的感觉。而提出这样服务要求的人就是华特自己。

华特晚年创建乐园时就要求员工们一切从顾客角度去考虑，甚至深入顾客内心探索能让其快乐、自在、畅快的游玩体验。而这些经验的提出得益于华特摄制卡通动画时的经历。

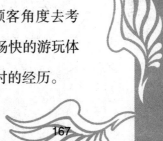

华特为使自己的梦想得到完美体现，常常亲自跟员工们讲解、举例、示范；为创作效果能达到理想水平，华特经常请卡通专家、漫画专家来为自己的员工进行动画基础培训。

后来逐渐衍变成专门培训"制造快乐的员工"的夜校，从这里走出许多好莱坞动画大师。

# 第六节　迪士尼式学院
## ——加州艺术学院

> 对于他，我们全部的意图或希望就是他能继续为各地的人们带来欢笑。我们没有为他添加任何社会象征的负担，我们也没有把他作为挫败或苛刻讽刺的代表。米奇只是一个为了带来笑声而指派的人物。
>
> ——华特·迪士尼

加州艺术学院（California Institute of the Arts）是华特·迪士尼在1961年投资创办的培养艺术家的非赢利性高等艺术学院。他在考察了30多个地方后，决定校址确定在1959年购买的金橡树牧场中的一个38英亩的农场。

1964年，华特举行了一次记者招待会，他从自己的经历谈到艺术学院的办学理想："我们不要求学校的面积有多大，大了就会让学生认为，自己只是一个大地方的一个部分而已，使校方和学生关系疏远。我喜欢像工厂一样的，学生可以随时进来学习任何一门艺术。他可以开始学绘画，但也许最终成为一名音乐家。我自己当初就想做政治讽刺卡通画家，我后来在堪萨斯艺术学院儿童班学绘画，慢慢地想法就改变了，想成为一名卡通画家，我认为想象力是天生的，但后天必须加以拓展。

后来，我进了堪萨斯市电影广告公司，发现那里的许多卡通画家，他们只是画画而已，画完就交给摄影师，没有想到再进一步做事。我对此并不满意。于是留意摄影师做些什么事，并请教很多问题，设法让他们同意让我操纵摄影机。因此我学到了很多。但普通大学并不这样，它限制学生，不让学生学许多东西。

我创办的加州艺术学院绝不走这条路，学生可以学任何东西：绘画、戏剧、音乐、舞蹈、写作，毕业时，他们将获得美术学士学位。学生数目不可以超过2000人，尽量都住在校园里，他们应该能够自我表现而不怕留级。学院要设多项奖学金，我们需要的是有天分的人。这也就是进入加州艺术学院的一项条件——天分。"

加州艺术学院是目前美国最前卫的纯艺术学院之一，也是美国第一所授予视觉与表演艺术专业正式学位的学院。加州艺

术学院着重培养学生的想象力和创造力。已为世界培养出无数杰出的艺术创作者，包括表演艺术、电影制片、动画制作以及评论、舞蹈等艺术工作者。

*Walt Disney*

第六章　夕阳无限好

*Walt Disney*

# 第一节　充实快乐的晚年

> 动画可以表达人们可能持有的任何想法。这使它成为交流中最卓有成效的和明确的工具，尽管他的设计意图只是为了迅速给大众以欣赏。
>
> ——华特·迪士尼

1963年，64岁的华特·迪士尼的身体已大不如从前。各种疾病包围着他：颈部、背部和左腿经常疼痛，长期鼻炎、肾炎，一感冒就发展成肺炎。他预感到自己所剩的日子不多了，更加抓紧工作。

同时，他也享受着天伦之乐。他已有了7个外孙，他很喜欢他们。两个女婿在公司里也表现出色。迪士尼和妻子莉莲也更加恩爱，两人常手牵手在制片厂转悠。妻子的穿衣搭配向来是迪士尼引以为荣的，他常以此来教训女儿黛安妮，因为她穿着太随便。"宝贝，你在穿着方面为什么不请教你母亲呢？"

他和哥哥罗伊也更亲密了，两兄弟合作得更加愉快。罗伊有一阵打算退休不干了，回家养老。华特赶紧想高招阻止他。

于是他打电话给嫂子艾迪娜说："你喜欢罗伊整天呆在家里无事生非给你找麻烦吗？"他又对罗伊说："佛罗里达建新城那么庞大的计划，没有你的支持怎么行呢？"罗伊只好继续干下去。

荣誉频频降临，但华特最高兴的是以他的名字来命名学校。第一个以他的名字命名的学校在宾夕法尼亚的杜利镇，第二个在他的故乡玛瑟琳镇，第三个就在迪士尼乐园附近。

1966年全年，华特·迪士尼基本上都是坐着自己的飞机在天上飞，他飞到匹兹堡西屋公司，花3天时间考察快速运输系统。他查看购物中心，看顾客的购物反应，他发现大多数顾客都表情漠然烦躁，很少人是愉快的。但达拉斯一家购物中心情况相反，因为它的天花板是玻璃做的，大厅里充满阳光。

他还搭乘直升机从空中鸟瞰迪士尼新城城址，现已定名为"迪士尼世界"。10月初，华特参加"迪士尼世界"计划会议。他带去了一张诱人的草图：里面有公园、旅馆、湖泊、露营区和汽车旅馆、游客汽车营地、主要入口、飞机场、工业区入口。还有一条说明：卡通行驶道路在单轨道下面。

10月，华特·迪士尼接受了一位记者的采访。他说："迪士尼世界将是未来城市应该有的样子，要能够满足市民的各种需要。这将是一个有计划、有管制的社区，一个显示美国工业和研究、学校、文化和教育机会的橱窗。在这个城市里，绝对没有贫民窟，因为我们不让它出现。绝对没有地主，因此也没有股东控制权。市民只能租房子，不能买房子，但租金便宜。这里没有退休的人，每一个人都必须工作。我们的一个要求是，住在里面的人必须要保持这个城市的活力。"

"我是一个好提问的人，"华特继续说，"当我看到我不喜欢的事情时，我就会想为什么会这样，我怎样才能改进？举例来说，我们缴了很多税，可是还有街道没有铺上水泥，还有街道到处是洞，道路清洁人员没有尽职，垃圾工人没有尽职，有财产的人漠视着房屋道路肮脏下去，漠视着贫民窟的扩大，这一切是什么原因呢？"

10月29日，迪士尼飞往威廉斯堡，接受美国森林学会奖章，奖励他对美国资源的保护。回到加州时，他呼吸困难，身体剧烈疼痛。经医生X光透视，他的左肺有核桃大的阴影，医生建议立刻手术。切除了左肺之后，医生告诉迪士尼家人，他最多只能活一年了。手术后，妻子莉莲来医院探望，华特·迪士尼很乐观，幽默地说："甜心，我是一个新人了。我现在只有一个肺了，除此之外，一切均好！"出院后，他回到公司仍旧工作着，跟助手们讨论剧本，他告诫大家："剧本最重要，有了好剧本，一切就好办了！"

但迪士尼先生的病情继续恶化，比医生预料的还要快。他越来越虚弱，有时甚至神志不清。1966年12月15日9点35分，华特·迪士尼因循环系统病发而与世长辞，终年65岁。

华特·迪士尼在生命中的最后几个月是非常活跃的。他

没有因身患肺癌受到任何影响，反而急于做更多的事情。1966年7月，华特·迪士尼与妻子度过他们第41个结婚纪念日，他儿孙满堂，享受着一个老人应有的幸福。同年12月15日，刚刚度过了65岁生日的华特·迪士尼病逝，没能等到他的第19部动画电影上映，他也没能看到佛州迪士尼世界的建成。在他去世的当天，《纽约时报》刊登了这样的标题：米老鼠王国的创始人——华特·迪士尼与世长辞。

# 第二节　举世皆悲

> 我为我们的卡通艺术的发展而引以自豪。我们人物的制作是为了抓住人们的情感，就在短短的几年前，卡通人物要实现这一目的似乎是不可能的。在当前制作的卡通片中，某些动作之优雅是人类都难以做到的。
>
> ——华特·迪士尼

华特·迪士尼去了，举世震惊悲悼。各国报纸众口一词称此为"人类的损失"。各国元首纷纷致电哀悼。世界各大报社都盛赞迪士尼的成就。

《洛杉矶时报》称他为"带有神奇画笔的伊索，配有彩色摄影机的安徒生。以天才的手法将生命注入他们所创作的人物中去。在文艺界，没有人能留下这么丰富的遗产"。

《伦敦时报》称他的作品"具有没有人能比得上的艺术技巧，和无与伦比的动人美感"。荷兰的一家报纸称迪士尼"几十年来统治了全世界儿童的幻想"。墨西哥的一家报纸说墨西哥的儿童都为之悲痛。

意大利北部都灵市一位社论的主要撰写人形容迪士尼为"一位诗人魔术家，他把寓言奇事活生生地展现在人眼前"。杜塞尔多夫市一家报纸说授予迪士尼的众多金像奖"哪里能比得上他带给老老少少的欢笑声的价值"。

他的朋友、前总统艾森豪威尔说："在全世界，他受到各方的欢迎，他的影响遍及五大洲，因为他触及到全人类的心灵，像他这样的人，我们要等待很久很久才会出现。"

当时的约翰逊总统从白宫写了一封信给莉莲，以示哀悼："这位受人喜爱的艺术家去世了，这是我们全美国和全世界为之伤心的日子，在您丈夫的才华的照耀之下，千千万万的人们享受到了一种更光明、更快乐的生活——他所创造的真、美、欢乐是永世不朽的。希望这一点能使您稍微感到宽慰。华特·迪士尼创造的奇迹，比生命的奇迹更伟大，他留给我们的珍贵遗产将流芳百世，使世世代代都从中得到欢乐和启示。

华特·迪士尼明白，纯真的童心中绝不会掺杂成人的世故，然而每个成人却保留了部分未泯灭的童心。对小孩来说，这个令人厌倦的世界还是崭新的，还是有着许多好东西；迪士尼努力把这些新鲜、美好的事物为已经厌倦了的成人保留了下来。

根据传统的看法，米老鼠、小飞侠、白雪公主和7个小矮人都是神奇的幻想，是从现实世界中逃走的东西。但是与洲际导弹、污染的空气、枯萎的森林，以及从月亮上带来的岩石相比，我们不禁要问：到底哪些不是真实的、哪些是更奇幻的呢？这是一个奇幻的时代，但是华特的奇幻不会使人类丧生。大家都在惋惜："我们不会再看到他这样的人物了。"

华特·迪士尼是一个传奇，他的名字就是一种梦想的象征，他创造了卡通人物米老鼠，制作了电影史上第一部完整的动画影片，他创建了迪士尼主题乐园，组建了现代化多媒体公司，他的创意改变了世界的面貌。他告诉我们，生活就是欢乐；他告诉我们，欢乐就是财富。

他是位奇特的天才，是位百年难遇的欢乐使者。尽管华特只是以己之见尝试着表达出他自己对欢乐、爱、儿童的体验。他以他的欢乐世界，治疗或者安慰精神有问题的人；他做到的，可能比全世界的精神病医生还要多。沉浸在他的思想和想象之中，华特总是有本领让所有人感到心情更舒畅些。

# 华特·迪士尼名言（中英文对照）

"If you can dream it, you can make it."

"只要有梦想，你就可以实现"

"It's kind of fun to do the impossible."

"做不可能的事情是一种乐趣。"

"For life to be a fairy tale, perhaps all you need is to believe."

"生活一如童话，或许你所需的只是信念。"

"You can dream, create, design and build the most wonderful place in the world...but it requires people to make the dream a reality."

"你可以梦想、创作、设计和建造世界上最奇妙的地方。可是，这些梦想都需要人的努力才能成真。"

"I do not make films primarily for children. I make

them for the child in all of us, whether we be six or sixty.''

"我并非主要给孩子拍摄电影，我拍的电影是献给我们每个人心中的孩子，不管我们是6岁还是60岁。"

"Tomorrow will be better for as long as America keeps alive the ideals of freedom and a better life.''

"只要美利坚对于自由和美好生活充满信念，明天就会更加美好。"

"We keep moving forward - opening up new doors and doing new things - because we're curious."

"我们保持前进，开拓新的领域并做新的事情，因为我们有好奇心。"

"The way to get started is to quit talking and begin doing.''

"将想法付诸实践，少说多做。"

"Disneyland will never be completed, as long as there is imagination left in the world.''

"只要幻想存在于这个世界，迪士尼乐园就永远不会完工。"

"Happiness is a state of mind. It's just according to the way you look at things."

"快乐是一种心态，它取决于你看待事物的方式。"

"I only hope that we never lose sight of one thing – that it was all started by a mouse."

"我只希望人们不要忘记一件事，那就是一切都开始于一只老鼠。"

"I love Mickey Mouse more than any woman I've ever known."

"我爱米老鼠胜过爱我认识的任何女人。"